昭和二十年九月一日

疎開生活
壱ヶ年のあしあと

朝来郡竹田分教場神戸市須佐校

「疎開生活壱ヶ年のあしあと」文集編集委員会／編

日本機関紙出版センター

須佐国民学校学童疎開先関係場所

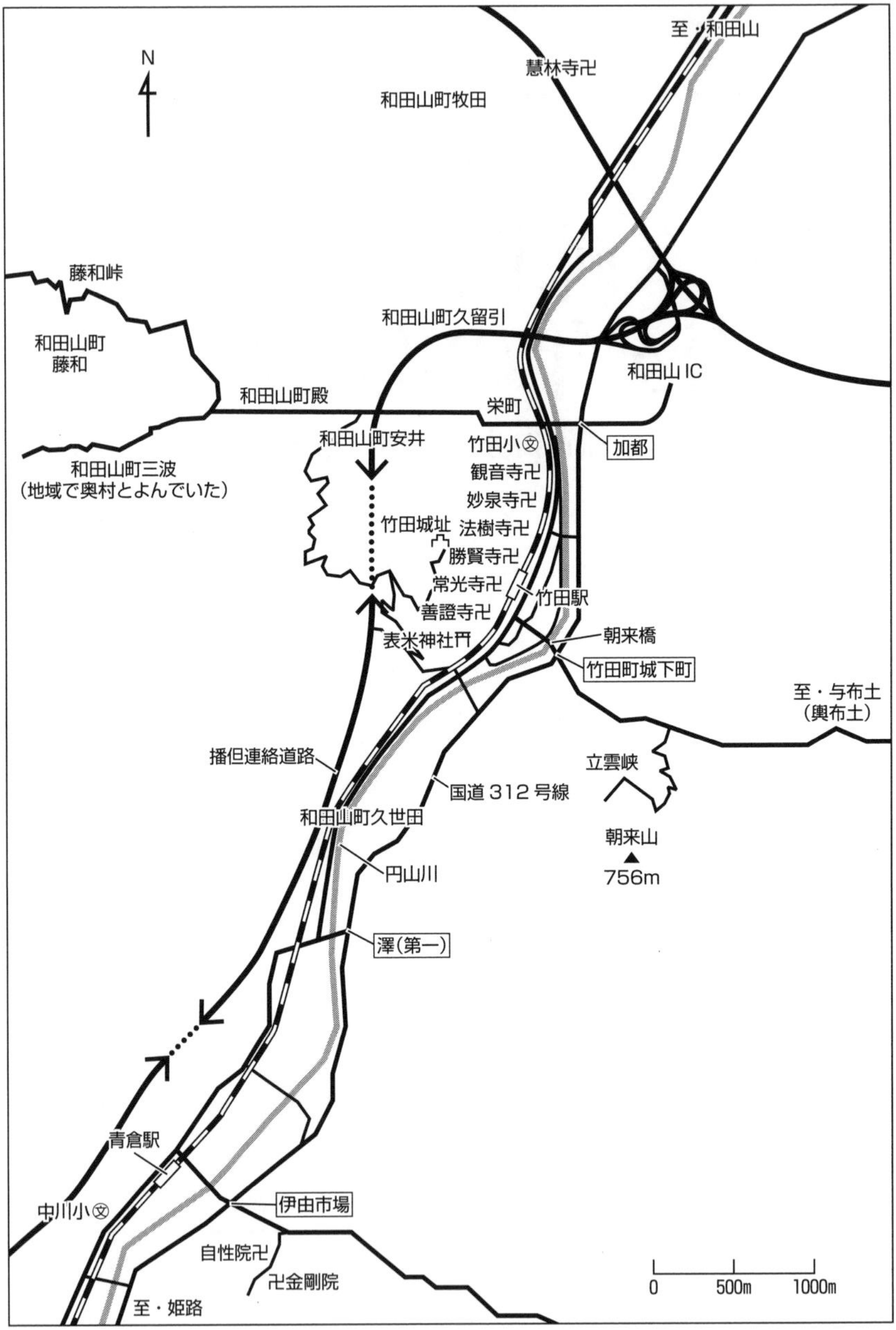

N
至・和田山
慧林寺卍
和田山町牧田
藤和峠
和田山町
藤和
和田山町久留引
和田山 IC
和田山町殿
栄町
和田山町安井
竹田小㊫
加都
和田山町三波
（地域で奥村とよんでいた）
観音寺卍
妙泉寺卍
竹田城址
法樹寺卍
勝賢寺卍
常光寺卍
竹田駅
善證寺卍
朝来橋
表米神社⛩
竹田町城下町
至・与布土
（輿布土）
播但連絡道路
立雲峡
国道 312 号線
和田山町久世田
朝来山
▲
756m
円山川
澤（第一）
青倉駅
中川小㊫
伊由市場
自性院卍
卍金剛院
0
500m
1000m
至・姫路

刊行にあたって

朴木佳緒留　神戸大学名誉教授

一九三七（昭和十二）年七月七日に始まったアジア・太平洋戦争では日本人三〇〇万人以上、アジアの人々二〇〇〇万人以上が犠牲となり、一九四五（昭和二十）年八月十五日に終結した。この間、国家総力戦体制が敷かれ、老若男女すべての人々が戦争に巻き込まれた。

本書はその体制下で実施された学童集団疎開中の子どもたちが書いた作文集とその解説を収めたものである。学童集団疎開は「帝都重要都市」の防空のために、「足手まとい」になる子どもたちを都市から田舎へ、半強制的に移動させる軍事的な教育措置であった。詳細は作文集解説「学童疎開とは何だったのか？」を参照いただきたい。一九四四（昭和十九）年六月から、四十六万人を超える子どもたちが大移動した。当初は「重要十三都市」の国民学校三年生から六年生が対象であったが、空襲が激しくなった一九四五（昭和二十）年春には中小都市及び国民学校一年生、二年生も対象となった。子どもたちの宿舎は寺院、旅館が多く、そこが「学寮」となり、「師弟同行による錬成」を行うとされた。子どもたちは当面の空襲からは免れたものの、配給品であった食料や燃料が不足し、空腹を抱えながら、一日でも早く戦勝し、自宅にもどることを願っていた。

疎開先での子どもたちの生活は地域や場合によって誠に様々であり、時期による変化もあった。各種記録では、親から引き離された寂しさだけでなく、空腹、不衛生、喧嘩、いじめなど辛い思いが綴られている反面、友達との遊びや受け入れ先で受けた温情、地元家庭への招待などの楽しい思い出も綴られている。「少国民」としての意気込みを綴ったものも多い。そして、敗戦となった。戦争に勝って、家に帰る日が必ず来ると信じていた子どもたちは、敗戦の事実をどう受け止めたであろうか？

本書は神戸市の須佐国民学校二年生から六年生五十一名が、敗戦を知らされた後の一九四五（昭和二十）年九月一日に書いた作文を本体としている。須佐国民学校の集団疎開児童は四四五名、一九四四（昭和十九）年八月二十一日から九月一日にかけて朝来郡の八寺院に分散宿泊し、およそ一年間の疎開生活を行った。このうちの五十一名が、引率教員であった木戸戸治先生の求めに応じて書いたものが「疎開生活壱ヶ年のあしあと」である。木戸先生はどのような思いで、子どもたちに一年間の振り返りを求めたのであろう。残念ながら、それを明かすことはできないが、敗戦による帰宅すなわち集団疎開の終了を知った後の子どもたちの思いを推し量ることはできる。教師に提出する前提で書かれた作文であるため、言わば「表向き」の文章であるが、たとえ「表向き」であっても、それも当時の子どもの姿である。子どもたちにとっては思いもよらない敗戦、待ちに待った自宅への帰還、焼失した自分たちの町、戦禍の中での家族の死亡など、いずれも小学生の子どもたちが引き受けるには重すぎる事柄である。それを引き受けざるを得なかった子どもたちの文章として読んでいただきたい。そこから何を読み取るかは読者にお任せするが、戦争の惨禍が映されていることは間違いない。作文を解釈する一助として、学童疎開についての解説や作文を書いた当事者の文を掲載した。

学童疎開についての一般的解説（朴木）、木戸戸治先生が戦後に執筆された回想録（木戸戸治）、「作文」を書いた当事者が七十七年前の自らを振り返って綴った文（淡路）、木戸戸治先生のご子息が父親への思いなどを綴った文（木戸久裕）、作文集の刊行に関与いただいた元ＰＴＡ会長の文（南田）、今日の時点で「作文集」を読んだ人々の感想（中野）、須佐国民学校の集団疎開についての解説（上野）を掲載した。

読者の皆様はこれらの文書のいずれから読み始めていただくこともできる。興味と必要に応じて、読む個所や順番を決めていただき、戦時下の子どもたちに思いを馳せていただければ幸いである。

なお、敗戦直後に子どもたちが自らの集団疎開生活の終了を知って綴った作文集は管見の限り、他に見当たらない。本作文集は資料的価値があるとの思いから刊行に至ったことも付け加えたい。

〈もくじ〉　昭和二十年九月一日　疎開生活壱ヶ年のあしあと

昭和二十年九月一日

疎開生活
壱ヶ年のあしあと

朝来郡
竹田分教場
神戸市須佐枝

作文を読み取るにあたって

白紙に近い作文・個性豊かな筆跡・書き損ない・書き間違いなど読み手を惑わす壁がありました。

パソコンにいれるのに大変なのは、旧仮名遣いであること、当用漢字でないことなどもてつだって。

書かれているままを本書に掲げることを原則にしました。それぞれ書いた方の気持ちや年頃、生活をにおわせている作文です。読む方がこれは理解がむつかしいのではないかという個所にのみ【○○○】と補正をしました。ご理解ください。

凡例

1、旧仮名遣いは原則としてそのまま記述しました。

2、旧字体の漢字には、初出にルビを付しました。

3、漢字の誤り、文章の続き具合の中で、理解困難だと思われる個所については、一例を挙げると　急行下【急降下】の様に、語句に傍線を付し【　】の中にこうだろうと推測される言葉を入れました。

4、説明した語句については、語句の頭に註を付し、作文の末尾に「註」として解説を入れました。

5、作文の作者を始め生徒の個人名は仮名にしました。

疎開して一年　初六　田中雅雄

僕は疎開をして行ったって、寝るのはいつも僕一人で寝てゐるのだから、さうはさびしくないと思ってゐたし、昔のえらい人はみな、小さい時、親元をはなれて、どこかへ、あづけられ、そして、えらい人になったのだと聞いてゐたから、僕も疎開をして、りっぱな人にならうと思って去年こちらへ来(き)ました。

こちらへ来てから、僕の一番いやなことは驛(えき)へ切符を買ひに並びに行ったこと、それから、畠の草引きが一番きらひでした。

おもしろかったことは、冬、僕と、大塩、山川、田中晋、上野、芝本、大田、清水蓉一朗と八人で墓の上で雪合戦をしたこと、朝来山(あさごやま)へサクランボを取りに行った時は、あまり無中になったので、夕方だといふことも知らずに、木に登って取ってゐました。

天満宮の上のはげ山へ（ソリ）を持ってすべりに行った時は飛行機で急行下【急降下】をするやうな気持でした。天神様へ風呂から帰る途中（たいこ）をたたきに行った時もおもしろかった。又、泳ぎに行った時もうれしかった。神戸に居た時より、少しよく泳げるやうになったからです。

僕は映畫(えいが)【映画】などを見せていただくより、山へ行って遊ぶ方がよほどすきです。朝禮(ちょうれい)のすんだあとで、戦果の発表を聞いたり、又、新聞を讀(よ)んだりして喜んでゐた時もあった。それが今度は沖縄に数知れぬ敵が来て、又、ドイツが負けて、今度はたうたう【とうとう】夢にも思はなかった日本が負けたといふことは、どれほど日本人の恥(はじ)であるかをよくわきまへ、その悲しみと共に、その仇(あだ)を討たねばならない。その大事業が出来なければ、本たう【本とう】の日本人ではない。そのためには山中鹿之介[註]が主家、尼子家を本通り(もとどおり)にしやうとして、三日月に七難八苦をあたへたまへとちかった。それと同じやうに僕等も七難八苦も、ものともせず、尼子家の代り、日本の國(こく)を世界一の國にすることが、日本人としてすることだと、いつも、先生からおそはってゐるのだから、僕はどんなことがあってもその立派な道を進まうと決心してゐます。

僕はこれから、寝ころんでゐないで、天気がよければ城山へでも登って、歸(かえ)り道にたき木でも取って歸り、時間を大切にしやうと思ってゐます。

九月一日　（終）

註　山中鹿之介　戦国時代の武将。名は、幸盛。室町、戦国時代、出雲の地方を治めていた戦国大名。尼子の家臣。毛利によって尼子が滅ぼされた後、尼子を再興しようとするが出来なかった。

疎開して一年　初六　田中　晋

九月一日去年のこの日は僕等のほかの人が始めて疎開に來た日だ。僕等は去年の八月二十六日にこちらへ來た。二十六日に僕等は朝早くから起きて疎開に行く用意をした。家を出るとまだうす暗かった。学校へ行くと黒岩先生がパンとパン粉とカタパンを僕等に下さった。僕はカタパンを上野君の荷物の中に入れてもらった。

観音寺

兵庫驛へ行くと人が大勢ゐた。僕等がプラットホームで待ってゐると瀛車【汽車】が來たのでそれに乘った。汽車が兵庫驛をはなれてから外を見ると皆二階から日の丸の旗を振ってゐた。僕等もみな手を振った。姫路の近くに來ると姫路城が見えだした。まもなく姫路につくと汽車はしばらく止まった。發車【発車】すると神戸の方へ引歸（ひきかえ）してゐるように動いた。播但線（ばんたんせん）に入るとずいぶん汽車はおそかった。生野のへんにくると、しとしとと雨が降り出した。竹田驛につくの町の子がむかへに來てゐた。そして木下君があいさつをした。そして荷物を持ってもらって観音寺へついた。夕方學校（がっこう）へ行って御飯をたべた。この日はずい分うれしかった。

それから一年、僕等は苦しいことも嬉しい（うれしい）こともあった。奥村へたき木を取りに行ったり輿布土（よふど）へなんきんを買ひに行ったり、又、藤和へ栗を拾ひに行ったりした。ずい分苦しかったが、又、うれしいこともあった。お祭りの日によばれに行って腹一ぱいたべたことや面會に來てもらった時はうれしかった。僕等は勝ち抜くために苦らうをしたが、体が神戸にゐた時よりも大變（だいへん）【大変】丈夫になった。この体で僕は日本がふたたび興（おこ）るまでがんばらう。

（終）

疎開して一年　太田　秀昭

僕は竹田へ来てからいろ〱なことをして来た。その中には悲しいこともあった。苦しいこともあった。うれしい時もあった。

皆と一しょに奥村へたきぎを取りに行ったこと、始めはたきぎを少し持っただけでも重かったが、今では来た時よりかいくら強くなっているかわからない。竹田へ来てからか始めてしたことが何回もある。皆なと輿布土や竹田の町へやさいをもらひに行ったこと、奥村へたきぎを取りに行ったこと、朝来山へわらび取りに行ったこと、たにした【たにし】取りに行ったこと、久世田へ方へげんのしやうかうを取りに行ったこと、畠作りをしたこと、皆と肥をかついだこと、などいろ〳〵とある。

こちらへ来てからうれしい時もあった。正月やお祭りの日によその家へよばれに行ったこと。作業から歸って来ておやつをもらった時、しけんでよいてんおもらった時、そのほかいろいろとある。

悲しかったこともあった。弟が死んだ時、家が敵機のためにやけた時、もっとも悲しくて、くやしくて、しやうが【しょうが】なかった時は八月十四日である。僕はその外もっと〳〵あるが、何をいふても八月十四日である。先生から聞いた時は、はっとしたが僕は今にきっと、このかたきをとってやると心にかたくちかた【ちかった】。

僕達は冬お寺の門の所から鐵道【鉄道】のふみきりの所まで雪のけをしたことがあった。あの時はつらくて泣けて来さうであった。あの時は隣のお寺へ御飯を食べに行くだけでもつらかった。げたのうらに雪がつもってはろても〳〵おちない時があった。

この間、輿布土（よふど）へ車をひいてなすをかひに行く時、朝来橋の少し行ったところで、あのにくい〳〵敵機がいう〳〵と竹田の上空を飛んでいるのを見た時、僕ははねがあったら飛んで行ってたたき落としてやりたいと思った。一日も早く米英をやっつけてやりたいと思った。

九月一日　　をはり

註　たにし　たにし科の巻貝。日本産は、4種。体は灰黒色。ふたは褐色。食用とえさ用。

註　げんのしゃうかう　古くから薬草として知られ、下痢止めなどにきく、野山の道ばた、林に50センチのたかさで生えている。

註　肥をかついだ　人糞（じんぷん）を肥料としていた。桶（おけ）にいれて天秤棒に吊り下げて二人でかついで運んだ。

疎開して一年　初六　芝田　和夫

ぼくは疎開して來て六ヶ月になります。ぼくは來た時たき木やふきとりに行って歸って來たらしんどくてたまらなかった。朝來山へ[註]ふきとりに行った時もあった。ばんごはんがすんでしんどいのに殿町の上の山へ[註]しばをとりに行ったこともあった。來た時はだれも遊んでくれなかった日もあった。そのときは家のことをよく思ったけれどあくる日からはすぐ遊んでくれました。

朝來山は櫻（さくら）の花が咲いた時花見に行った時はぼくはうれしかった。

面會に來てもらった時はうれしかった。

父さんが來ておばあさんとそこのお母さんの子供が二人死んだことをきいてその時はかなしかった。

神戸におった時はちょっとさむかったらかで【かぜ】をひいて病氣になったが疎開して來てからは体もじょうぶになり力も強くなり元氣になりました。

目もよく見えるようになりましたのでお父さんはよろこんでくれたのでぼくはその時はうれしくてたまらなかった。

朝来山（立雲峡）

ぼくは今から体をよく強くし強勉【勉強】をよくして米英をやっつけて日本をもう一度栄(さかえ)えるやうにして、南の國人々をよくして註大和鬼【大和魂(やまとだましい)】をつくります。

註　ふき　キク科の多年草、日本各地に自生、食用に栽培されている。
註　しば　薪として燃やす小さな雑木。
註　大和魂　日本人がもともと持っているとして、勇気があって、どんなことにも恐れない思い切りの良さとする心。対外戦争のたびごとに強く言われた。

疎開して一年　男子　清水　蓉一朗

僕は疎開きて一年もたち、苦しこともかなしこともあった。日今しばとりもいったこと、そのときは冬のとき、手がちめたくて目がなびだおでるぐだいつだかった。そのときこそ僕たちはそだかったことはなかった。たのしこともあった。

冬のとき、雪がせ【雪がっせん】おしてあそび、あのときこそ手も足もちめたいことはなかった。そして畠（はたけ）けもつた。あの時ははりめてしたかだむつかしかった。自分はもと〳〵はやくうまくなどとおもった。この一年こそたのしや、くるしやことは一ちるもなかった。

山もいって、いばだのなかでわだびをとった時はたのしかった。自分の前おみろと、わばびが一本一本でていた。ふくろに一ぱいもとったこともあった。それこそしんどかった。ごはんもおしかった。わびごはんもしてもだった。疎開きてはりめてあんなごちそおだびた。

先生とごおした時もあった。僕が二つおいても先生はつおかつた。自分わはろかしかそた。先生にあだってもだったこともあった。

あの時は雪はふっていた。そのたのしこはもとく〱長くつるいてほしかそた。ことどこそ、いばだの道おいかなけでばならない。日本の人はみんながんばってくるしことは、つても米英おやつけまう。そして[註]和心おしっかりと自分の心なかゑもときまう。僕のおもったことはこでだけです。

（おはり）

註　和心　大和心としたかったのでしょう。大和心とは日本人が持つとされる、やさしく和らいだ心。大和魂と同じ。

疎開して一年　男子　中谷　寛果

僕は疎開して一年と一週間になりました。疎開してきた間は、山へたきぎ取りにいった時、やさいもらいにいった時、およばれにいった時、朝來山へ遠足にいった時、映畫を見せていただいた時のことがつぎつぎに目の前に表れてくる。この一年の間につらい時もあった。お母さんのことをおもって泣いたこともあった。あの奥村へ冬たきぎ取なんともいえないつめたさ、その時はなんともいえないつらかったこと、それでも勝つためだがんばらう、といって奥村からたきぎを寺らまでもってかへったことがあった。ところが、一年になってからはすっかり世の中はかはってしまった。勝つまで〳〵がんばらう〳〵といっていた先生、みんながんばった時、八月十四日おそれおほくも日本がにくいにくい米英に後復(こうふく)【降伏】しなければならなかったのであった。

その時はどんな〳〵つらかったらろう、みんなはないた。だんねんで〳〵しよがなかった。それでへこたれることであかんと思った。よし、いまに見とれ、あのにくたらしい米英のやつめ、大きくなったら日本の國(くに)をりっぱにして、米英をくるしめてやるど、と僕は思った。ああ、あの朝鮮も臺灣(たいわん)も満洲も華太(からふと)もビルマもタイも日本がせんりょうした國々、みんなあのにくい米英に取られてしまふのだとおもふと僕はだんだんくやしくなってくる。八月二十九日晝(ひる)、敵のひこうきが日本の空をゆうゆうと飛でいるの見るとなんともいえないつらさ。

敵が上陸してきてもなにくそ、いまにみておれ、なんぼ大和鬼をなくさその思ってても大和鬼をなくささないど。これからだこれからだ日本を立ちあがるのだ。

九月一日　「ヲハリ」

疎開して一年　辻村　詩子

私たちが竹田へ疎開して以来、早くも一年過ぎてしまった。一年の間私達は父母のもとをはなれ、先生をお父さん、寮母さんをお母さんと思って暮らして來た。その間にはいろ〳〵と嬉しいこと、楽しいこと、苦しいこともあった。始の内、まき運びは苦しかった。でもだん〳〵となれてくる内に、神戸にゐて(いては)は味はへない働くことの尊さといふものをしみじみと味った。作業して歸って來た時はなんともいへないすがすがしい気持ちだ。そして寮母さん達がお歸り御苦労様とおっしゃって下さった時はつかれが一ぺんにふっとんでしまふけれど、いそがしくて、いって下さらなかった時などはがっかりしてしまったものだ。そんな時よくお母様のことを思ひだした。

十月十七日私達は嬉しさに小鳥のやうにおどる胸をおさへながら町の家へおよばれに行った。そしておなか一ぱいいただいて歸りにも、いろんなものをおみやげにもらって歸った。お正月の時も、でも一番うれしかったのは面會の時だった。別れる時は淋しい、汽車が見えなくなるまで見送った。そして夜寝る時、お母様の顔が目にちらついて寝れなかったが、それらは疎開して來た三、四箇月の間のことだった。それから後は、もう何もつらいとも、淋しいとも思はなかった。ただ、勝つといふ一念に先生と一つしょに暮らして來たのだ。わらび取りやふき取りにも何十回となく行った。名もない草もたべた。そして一年もたったら、がいせん将兵のやうに堂々と家へ歸れることだらうと思ってゐた。それが今では昔の夢になってしまった。私達にはかへるべき家もあの八つざきにしてもにくしみがとけないやうな米英に焼かれてしまったのだ。原子爆弾をもって日本人をなき者にしやうとしたが、それでは日本をふたたび建てる事が出來ないと考へて降伏なさったのだ。私達の苦營【苦労】も水のあはとなってしまったが、ただ一つこれからいくらいじめられてもたへしのぶ力は一年間に少しづつ養はれて來たのだ。からだも丈夫になった。これからはこのからだを役立てて一生懸命働いて一日も早くかりたお金を返へし、再び日本を建てるために苦勞をするのだ。今ここでへたばったら先祖にどう顔むけが出來やうか。もう一度たつのだ。みんな手をつないで。

註 大東亜の國々も又亂（みだれる）れるでせう。その亂れを一日も早くなほして安らかに暮らせるやうにするのは、本當の大和民族に當へられた大きな使命なのです。日清、日露の戦いに數多い兵士が尊い血を流した満洲に兄さんもおじさんも戦って下さいましたが、こんなになってどんなに残念に思ひながら歸ってくることでせう。そのことを思ふと私達の責任をひしひしと感じます。私達は一生の間、今日九月一日と八月十四日は忘れられないでせう。そして一年間にしたいろ〳〵なことを思ひだして氣持ちを新たにして一生懸命働きます。

註　大東亜の国々　東アジア、東南アジアとその周りの国のこと。アジア太平洋戦争中日本がこの地域を指す言葉。

疎開して一年　初六　越智　美世子

バンザイ、バンザイの旗の波に送られて、なつかしい故郷・やさしい父母の側をはなれたのは、も早や一年前のこと。

出發の時、父が「これもお國の為だ。勝つためだ。お前がいった後、父も母も一家そろってお前にまけぬやう、しっかりと働くから安心して、勉強に、作業に、一生懸命やってくれ。父や母はそれをこの神戸の土地からいつも見て居るぞ」といってくれた。そのうれしさ。私は「お父さん今、おっしゃった事はよくわかりました。それでは元気で行ってまゐります」と父と語を交わしてから「小さな兵隊さんの出陣ですもの」とおっしゃって見送って下さる近所の方々に。あのなつかしい母校・須佐校の校門をくぐる時に「元気で行ってまゐります。」とそれだけが私の口から一言。

せっかくこれまで楽しくくらして来たのにいつ會るやらとすすりなく母親の聲（こえ）が四方八方から聞えて来ます。

それを聞いた私たちは泣くまいと口を一文字にきりりとむすんでも、目がしらが熱くなるのを覺えた。

それからはやさしい町の方々の手厚い厚意をうけ、何のふふくなしにくらさせていただいてまゐりました。

今まで持ったことのないやうな柴一束でも奥村からでも平気で持ってこれるやうになったのは、まったく疎開のおかげです。

竹田へ来た當時、山の後ろからきれいにお上りになるお日様を見てお母様もあのお日様を見ていられるだらうな、と思ふとついかへりたくなって泣けてくるのでした。

それも今では「かへりたいなんてないたのだあれ。みよ子のおバカさんバカの〳〵」と心でいって笑ってしまふのであった。

野菜が切れて名勝ある朝来山に登って春のやはらかいわらびをつみに行った事もあった。入物にあふれるほど取って寮にかへって來ると、又も、やさしいお母様（寮母さん）がにこ〳〵して迎えて下さるのであった。ついうれしくなって寮母の姉さんに「姉ちゃん〳〵山の幸を得てのがいせんよ。今日はうんとごちそうしてね」など母のやうにあまへ、遠くはなれている母を思ひ出すのでした。三月十七日。バンザイの聲に送られて行った兵庫驛や神戸の町々が、うらみもふかい米英になつかしい我が家が全焼された日です。この事を聞いた時、早く大きなってりっぱにしかえしをしてやる。と堅く堅く心にちかひました。そして更に必勝を誓ったのでした。

八月十四日、一億の民がこぞって必勝を信じて銃後ではげしい戦いをつづけてゐたのに残念にもにくっき米英に降伏したのだ。

この急報を聞いた時、残念さに泣けた〳〵。この悲しさは筆にも言にもつくせないほどでした。

もし降伏せなかったら原子爆弾で一優民が死して再び日本を起こすことが出來ないとの[註]大御心に感泣した。この後、討絶え【途絶え】て行くことが出來なくとも絶え【耐え】て行くのだ。[註]荊棘（いばら）の道を突き進んで行くのだ。

こお一年の間にすっかり[註]事勢がかはってしまった事を思ふのであった。

これから、いや、今から大和心をしっかりもってこの國難を突破しなければならない。

（をはり）

疎開して蛙（カワズ）の鳴く音
さまざまに
ゆめ路たどるは
ふるさとの家
（疎開した當時作）

註　荊棘の道　人生の苦しみをたとえていう言葉。敗戦後の生活がたいへんだと考えている言葉。
註　事勢（正しくは時勢）　世の中の様子のこと。この場合は戦争中の社会から、敗戦後の状態に変わることを指す。

疎開して一年　正司　希与子

私が竹田へ來たのは四月二十六日でした。それからもはや四ヶ月とちゃうど五日になります。私は今思ふとよくこれまでしんぼうもできたことだと思ます。來たときはちゃどみんなは田にしとりにいっておりませんでした。私は竹田て、どんなところでせうと气車の中で黒岩先生とお話をしてゐました。するとまもなく竹田へつきました。

气車ををりてあるいていると、だいぶんとほいやうに思ひました。けれども今思ふと來たとうじ、えきからとほいやうに思ひましたが、今はすこしもとほいとは思ひません。

來た四、五日はばんにねていると神戸のことが思ひだしてふとんをかぶってしくしくないたこともありました。

私は今でも、はしのところですわってゐますが、來たころは、はしのところで気車を見てゐると、かへりたい氣がして気車が神戸の方へ行くのを見ると、あの気車へ乗って神戸へかへったろかと思ったこともありました。今はそんなこと一つも思ひません。このごろは、よくげんのしやうこやたき木をとりに行きますが、はじめは三本くらひでやれこらさでもってかへりましたが、今は六本ぐらひでもへいきでもちます。私のからだはもう二ばいの力を持ってゐることは私にとってうれしくてなりません。こちらへ來てすこしたって白山【城山】へのぼりました。はじめてのぼった時はやすまずにのぼれませんでした。三かいぐらひやすん

法樹寺の前から汽車が来るのを見た

でやうやうのぼれました。三べん目のぼった時にはすらすらとのぼれました。

私はよくこんなゆめを目ます。私はこちらへ來る前に白いごはんにおかずはさつまいもときりぼしとごぼうとたいたんをたべました。その日はをなかをへらしたことがありませんでした。私はゆめでこんなごはんをたべました。茶わんに三でん目をたべかけたところへ目がさめました。私はさっきのがほんとうだったらよいのになあと思ました。もうあと二、三か月たったらかへるといってゐますが、私ははやくかへってもう一度こちらへ來る前のやうに白いごはんをたくさんたべたいと思ひますがもうなかなかたべられません。もうすぐ神戸の方もアメリカやイギリスの兵隊が來てあばれるけどしかたがありません。

疎開して一年　大西　十美子

昭和十九年九月一日に私たちは竹田の町へ疎開して來ました。初めの一日といふものは、まだお寺で生活をしたことがないので、たのしみで〳〵でした。來たあくる日に先生達と城山へ登った。その時はすこしゆくとしんどくてなんべんもやすみやすみ登った。今は上まであがるので、へいきになって來ました。初めの二、三日はたのしみでしたけれども十日頃になってくると、まだ親ののてもとをはなれたことがないので、汽車が來るたびに、表へ出て泣いたこともあった。あまり泣くので表米神社にいったこともあった。それもみな夢と過ぎてしまった。

おく村までたきぎを取りにゆくのに二三本もって歸へるのに、かたの上へ何か重い物がおちて來たやうな思たさであったが、今は、それの三倍か四倍ぐらいも、もてるやうになった。

冬になった時、雪がたくさんつもり、神戸でもみられない雪かきなどもあった。手ぶくろをはいて、ゴム靴をはいて鐵道のところまで、雪かきをしたこともあった。

正月のおよばれゆく道々、すべり〳〵學校までもいった。その時に私のかさの骨が二本をれた。その日は、をなかがたらふくいふほどもいただいて歸へった。そのたのしみも過ぎて、みんな夢のやうになった。

こちらへ來ておそう式もみた。神戸の方とたがってゐたのでめずらしかった。一ヶ月ぐらいすると、だんだんお経をおぼへて來た。初めてお経を讀んだこともたった。

久留引までやさいを取りにゆくのに、神戸のしんかいちまでいくやうな遠さに見えた。久世田も初めは遠い遠いと思った。先生が久世田までやさい取りにゆかうといったら、いやだなあと思ったこともあった。こちらへ來てなんべんも〱えんげい會をしたこともあった。

下ぎは前の川で一日はさみぐらいにあらったこともあった。家にをるとお母さん達があらってくださっていたが、こちらへ來てからは自分であらふやうになった。おふとんのしきゆはまだ家であらったこともないし、つけたこともなかった。今はみな自分でできるやうになった。私は母のありがたさがしみじみとわかった。こんど、家へかへると、母の手だすけをしたらうと思ったこともあった。

男の子とけんくわをして泣いたこともあった。そんな時はつらくて〱家へ歸りたい気持がしたこともあった

算数のもんだいがむつかしかったら、家にをると兄さん達がをしへてくれるのにと思ったこともあった。それも今は自分の力でできるやうになった。

これから原子爆弾（げんしばくだん）より、もっと〱と、いい爆弾を発見し、にゅうよくやわしんと爆撃する日をたのしみに、がんばります。

（をはり）

疎開して一年　酒井　智恵子

次の代を背負ふ私達はなつかしい家、父母をあとにして疎開して来てから一年をむかへる今日から一年前、たのしい事や苦しい事を、おしとほして来たのであると思ふと、なんだか一年位は夢のやうである。

作業の時は一心に働き、又、勉強の時はまじめに學び、何をするにも力を入れてするのが大切であると思った。

私達は親の元をはなれて疎開して來てゐる事を思って下さる天皇陛下、皇后陛下に感謝をしなければならない。毎日〳〵三度三度の御飯も満足にいただける私達國民は涙をのんでよろこばねばならない。

奥村へたきぎを取りに行った事もある、私はまだはじめなので少しもってかへった。かへりながらもお友達と話合ひながら野道をあるく、疎開に来てこんなにたのしい事もあるのだと思った。又、苦しいことも度々あった。雨のふる中をかさをさして、久留引まで野菜取りに行った。又、日のかんかん照りつける中を、入れ物を持って久世田の方まで「ゲンノシャウコ」をつみに行く。こんな事もあるが、これらはしんぼうし、何事もたえしのんでするのが私達の勤めである。たのしいのは、この間、お姉さんと朝来川へお泳ぎにつれていって下さる。お姉さんは大へんいそがしい事であらう。私達を少しでも淋しいめをさせたくない爲であらうと思ふ。夜は私達をかゆいめさせたくない為か、一時も二時もまで、おきて、のみ取りをして下さったり、あるひは、服とかシャツをつぎあてて下さるお姉さん、私は涙がとめどなく出てくる。こんなにやさしくして育てて下さる、私達は何と幸福でせう(しょう)。私が竹田へ来てから間もなくの事だった、朝早くおきて城山へ登った。霧があったので足がびっしゃんこになった。もうつかれてのぼれなくなった。それもしんぼうしてのぼった。たびたび松や笹が私の顔をおほってくるので、びっくりする、そのひやうしに石にけつまづく、もうのぼるのがいやになった。たうとう頂上についた。私はほっとした。先生のお話がすんで少しやすんでから、又、下へおりる。時々石にすべって走るやうにして下へおりる。たのしいやらこわいやらで胸が一ぱいだった。私達はこのやうにたのしい日々を送りながらも、も早一年になった今日

竹田城址遠望

である。こんな生活をして行くのを、時々母への手紙でしらせる事もある。集団生活はこんなにたのしいのである。水車のまはるやうに何事も根気よくせねばならない。一年間といっても早いものである。

精出せば
　こほる間もなし
　　水車
何如もやれば出来るぞ
　努力して
　　人にたよらず己にたよれ

疎開して一年　荒尾　聡子

去年の今頃私たちは竹田へ疎開して早一年もなりました。去年私たちは疎開はまだしたこともないので、なにしても始めてですから、山へ「たきぎ」おとりにいって二、三本もってかへったことが、いまさら目に浮かんで來ます。私たちはこちらへくる時はどんなうれしかったでせうね。汽車の中ではあなたといっしょに遊びませうね、といったりしました。

私たちは今さらこんなになると思ひませんでした。私たちは始め来たときはお母さんといっしょうにねられないし、中ではあまへられなかったから、前夕、門のところで泣いたりしました。そうしてあまり泣くので表米神社へもいったこともありました。

私たちは口に出されないくらいたくさんあります。そうして疎開のこどもがあまりかわいそうで、お祭りやお正月に町の人たちが私たちをよんでくださったりしています。そうして私たちは兵隊さんのように山へいってわらびやでんまいとかそんな草おつんでたべてゐます。

戰地にいらっしゃる兵隊さんたちはもっと〳〵そまつなものをたべていらっしゃると思ふとしぜんと涙が出て来ます。そうして町の子どもとなかよくしていました。

そうして八月の二十四日はだれも忘れない日であります。その時私たちは先生に日本はとうとう戰争まけたりといふ話を聞きました。その話を聞いてだれ一人泣かない人はありません。それはみな天皇陛下が住民のことをよく思ってくださっていらっしゃるから、天皇陛下からこうさんをするとおっしゃいました。私たちは今からどんな苦労をしていかなければなりません。それは私たちだけれわなし日本全体苦労をしなければなりません。これからもっともっと荊棘の道かもしれませんが、こうさんをしたから、どうでも荊棘の道をしなければなりません。

疎開して一年　尾崎　美與子

去年の九月一日の日は父母と別れ來て遠い竹田へ疎開し、又、それからうれしい時は竹田の町へお呼ばれに行って、どっさりとごちそうをいただき歸へりには、おみやげまでもらって歸へった事。そしてかなしい時などは、夜、さびしい時、お月様を見て、家のことを思ひ出しては泣きしたことも、何回となくあった。

昭和二十年の八月十四日、この日を聞くと、だれ一人泣かないとする人はなからうと思ふ。私もその日に先生から十四日の、あのにくい忘れも出來ぬ日のお話を聞いて、私は涙がとめどなく流れその夜はおちついて寝床へはいられなかった。

これからは、又、どんな苦しい日が何日も何日も續くかわからないが、そこを歯をくいしばって過ごしていかなければならなくなる。我等少國民はよく勉強をし、昔の古い歴史の本をよく讀んで、心の底までそれをきざみこんで、あの八月十四日の日を、又、二度、立派に榮えさす私達、僕達の心がまへだ。今に、敵がこの日本の國へいつ上陸するかわからない、そして、工場をつぶしたり、今まで苦心に〳〵を重ねて作った飛行機、戰車、軍艦その他のものまで皆んな、アメリカに渡さねばならぬ。このつらい、かなしい、うらみはいつまでも忘れないであらう

　私もこちらへ疎開して丸一年も夢のやうに過ぎてしまった。それまでに、又、苦しいことは奥から薪木を背負って歸へるのがなか〳〵重いので、苦心に〳〵を重ねてやっとお寺まで持って歸へった苦勞も、今は水のあわとなってしまった。

　敵も、又、今度こそと思って、米英人、武機【武器】などをたくさん持って來て、日本人をさんざんに苦しめる気持ちでやってくるであらう。そう思ふと私等は今に見てろ、又、いつかは米英をたたきつぶしてやるぞといふ心がまへで、じっと米英人のするにくらしい姿を、いつ〳〵までもこの目でじっとにらみつけて、いつかはきっとこのかたきを立派にうってやるといふ覺悟（かくご）だ。私も毎朝、毎晩、神様へ一日も早く日本の國がもとのやうに榮えるやうに祈ってゐます。そしてこれからも、もっと〳〵体をきたへて、あのにくい鬼のやうな米英の悪い心の者を追ひ拂（おいはら）ってしまふ爲には、皆んな心を一つに

して勉強をし、体をきたへるのだ。

疎開して一年　初六　鎌田　良子

去年の今日は竹田へ疎開して來た日だ。早、一年もたった。今、考へて見るとゆめのやうに思はれて來る。気車【汽車】に乗って竹田駅に來た時、男の子がバンザイバンザイといって迎へてくれた。あの時はなんとなくうれしかった。私達の荷物を持って常光寺の前まで送ってくれた。

その夜、竹田校で夕飯をいただいた時、竹田の人はしんせつな人ばかりだなと思った。その晩はよく眠れなかった。始めはうれしい〱と思ってゐたが、二、三日すると神戸の家のことを思ひ出して悲しくなって來た。今ではもうそんなことはすっかり忘れてしまって集團生活もなれて、たのしい日を送って暮らして來た。その中には、奥へたきぎを取りに行った、私はしんどくて〱たまらなかった。二、三度行くと、すかりなれて、もうしんどいなとは思はなかった。二、三本が今では八本、十本となってゐる。私達の体がこれだけ丈夫になってゐるのかと思ふとうれしかった。家へも奥村といって遠い所までたきぎ取りに行くといって何度、うれしく手紙を出したかもしれなかった。

ある日は、竹田の町へ野菜をもらひに行った。野菜のたくさんある日はうれしかった。手に大根やなっぱを持って歸って來るのはいいが、野菜の何もない時はなんだか、淋しい感じがして來る。春のころは町から野菜を出していただくのが大へん少なかったので、朝来山へワラビやゼンマイやノビルなどを取りに行った。ワラビを取りに行ってゐるのにサクランボなどを取って、かんじんな物を取らずにわすれてしまったことがなんべんもあった。サクランボを取ってゐると、西村のおばさんのお母さんは山イチゴをたくさん取ってをられた。それはぼうやにやるのだといっていいた。おばあさん、お母さんといふほどありがたい人はないとしみじみと思ひました

常光寺

竹田のお祭りの日は私達家々へおよばれに行きました。あの時うれしかった。おなかいっぱいによばれてゐるうえにも、まだおみやげをたくさんいただいて歸り、私はおよばれに行ったた

おぢさんやおばさんはお父さんお母さんのやうにやさしくしてくださいましたので私はうれしく思ひました。

又、お正月には久留引に行き、久留引は村ですから、こまごましたおかづはなかったけれども、力いっぱいごちさうをしていただいてゐると思ふとありがたく思ひました。お正月だからおもちをついたらしくおもちのおみやげをたくさんもらった。

私達のなによりうれしいことはお手紙が來ることです。こうしてうれしいことやかなしいことをして、も早、一年もたったと思ふとうれしい気がしました。もっともっとつらいことをしながらでも、もう一度日本をおこさなければならないと思ひました。

八月十五日は、なにをいっても一ばんかなしく思ひました。勝つ〳〵と思ってゐた戰争は負けてしまった。悲しいことである。

(終)

疎開して一年　西林　倭子

昭和二十年九月一日、一生の内わすれもしない日、又、思いでの日であります。私達はこの[註]大東亜戰争に勝つため疎開してちゃう度一年この一年間の間苦しかったこと、又、楽しかったことほんたうに夢のやうに過してきました。一月頃まではまだ敵の爆撃も激しくなかった。三月頃になると、どんどん戰ひが激しくなってきました。三月十七日この日も忘れられない日。敵は神戸へ空襲にやって來て爆弾、しょうい弾も数知れないほど投下してゐった。それからも戰は日、一日と激しくなってゐる。ドイツも無條けん降伏[註]をしロシヤまでが米英と一っしょになって戰ひだしました。そうして米機は原子爆弾といふものを作って日本の長崎へ廣島へやって來た。そうしてほとんど町を焼いてしまった。そこで日本はついに降参しました。でも今まで疎開してゐた苦しかったことを思ひ出して再び再興の日を待ちます。疎開してゐた間、奥へたきぎを取りにいった、その時はしんどかった。でもでも勝つ為にはどんな苦勞も、どんな淋しいこともしんぼうして來ました。今から苦勞をして行くのは何のためか、それは又、元のやうに満洲や支那・樺太・朝鮮・台灣・南方諸地方を日本と仲よく手をつないで日日を樂しく幕【暮】して行く為です。勝つことを望んでゐた今までの私達を、何を望んで働かうか。それは日本が再び盛んになることを望んで一生懸命働かう。そうして米英のびっくりするやうな爆弾飛行機を作ってワシントン、ニューヨクの上空を飛びまはったらどんな愉快いだらう。それにはもっと〳〵勉強して、体をきたへて丈夫な体を作らう。疎開して來て勉強をし又、作業をしました。こんな有難いことはありません。骨をうづめて戦ってくださった満洲やその他の國々も、みんな米英ロ支にやらねばなりません。そうして七千萬の住民が本州・四国・九州・北海道、たったこれだけの島で幕【暮】らして行かねばなりません。だから、これからどんな空地も開いて畠にせねばなりません。一生懸命畠をたがやして、かへすものはさっさとかへして、新らしい日本の國を作るといふ大きな任務が私達にあるのです。私達に出きなかったらその子、又、その孫と次々に教へて行くのです。

足利幕府から徳川幕府は倒されて明治の[註]御代（みよ）になりました。更にこんどは世界各國をどくりつさして、みんな手をつなぎ合わせて幕【暮】すやうにせねばなりません。

疎開してきたことは、今からいばらの道をつき進んで行く、又、苦勞を越えて行く演習のやうなものでした。これからほんとうに行くのです。

「和歌」

これからは　いばらの道を
突き進み　ををしく進み　正しく生きる
骨うづめ　苦心に苦心

重ねつつ　闘ふことも
　　夢に思ふし

註　大東亜戦争　1941年12月8日マレー半島のコタバル、ハワイ島の真珠湾を攻撃してイギリス、アメリカと戦争を始めた日本がこの戦争を閣議で大東亜戦争とよぶことに決めました。敗戦後この言葉は使われず、太平洋戦争といわれていますが、この戦争はアジア地域も戦場であったことからアジア・太平洋戦争という言葉も使われています。

註　無条件降伏　戦争に負け、戦勝国側が行う戦後の政策に一切条件を付けず降服することを指す。

註　御代　天皇が国を治めること。

疎開して一年　　三木　保乃

私がきたときわ　四月四日ありました。

私わきにしな、いづも先生につでらでて、よごエき【兵庫駅】まで、いきました。よごエきで、きさがくルまで、ヱキのとこでまてのり【まっており】ますと、きさがきてそでにのりました。そして、きさのまどから、こちらの、みると、たくさん、おてらが、などんで、おりますから、私わはやくきさからおりて、おてらいついたら、よいのになとおもいました。すルとおてらのいりくちのところまでいくと、みながのたから、私わ、ゆでしくてたまりま生んでした。
そのあくり久【あくる日】わ、みなとあそんだりしました。そでから、らいぶんたちました。私わ木戸先生と田中先生と楚さんや智起さんや五人で白ろやまエのぼりました。

私わ白ろやまエのほたんわはぢめてです。一がめわ、しんどかたが、こんどめわ、しんどいことわありま生んですた。そでから、またらいぶたて、こんどわ、木戸先生とあさごやまエわら久とりにいきました。私わさいそわ、やらビがどんなんがしらなかたが、みんながとりよのおみて、私わ、やらビとゆのわ、あんなんかとおもいました。そでから、わかりざしてきました。こんどわ、くセざい、たきぎとりにいきました。かいるみちでげんの小こおとりもて、私わかいりました。かてから木戸先生が、久るから、くセだい、やさいとりに、いきました。そでから、かてきて、ねまエはてから、らいぶたてから私わ、ゆちのことが、おもいだしてきますがもお、そんなんも、わすでてしまいました、がそんでも、あいさに、おもいだしてきます。そでから、からすやまエたきぎとりに、いたり、しました。よるに、なると、ましたから、そのあくりあさ、また、日よビでしたから、久るから、くのビきいにきました。すと、いくみちに、したのみると、おとこおこが、およいでいます。

くのビきい、ついて、なんきんやら、なすビや、やさいでした。かいりしなわ、木戸先生と私くしたちと、たくさんのやさいでしたから、かわり、ばんこに、しておてらまで、はこビました。そでから、やすみました。木戸先生が、くのビきいに【にい】たものこい、といましたから、私したちわ、先生のへやエ、いきました。すると、木戸先生が、おやつおくでました。そして、しばらくしてから、かビしばいの、してくでました。すみましたから先生が、もねまお、ヒきなさいといましたから、ねまお久てねました。そのあくるヒわあさご川あエいきました。すると、木戸先生がおよいでもよろしと、いましたから、みなわ、およぎよります。私わ、よおおよがなくて、こまりました。そんでも、私わ、川エ、はいりました。てとあしと、つけてまいりました。私わ、およぐけこおしました。私わ、てとあしと、およぐと、[註]おとがいのとこまで、みづがきました。私わ、いそいでたちあがりました。すると木戸先生が、もお、かいるからと、いました。から、私わ、ふくおきて、ならんでかいりました。おてらいついて、やすみました。そして、しばらくすると、く生らい、やさいとり、いきました。やさいおもろて、かてきました。そして、しばらくすると、みなが私におはなしおしてくでましたから、私も、エこにいた、とこのはなしおしたりました。そして、しばらくすると、先生が、ねまお久けと、いましたから、ねまお久て、てんこおとて、ねました。

註　おとがい　下あごのこと。

疎開して一年　水本　悦子

去年の今日、集團疎開、第四陣で、私達六年生女は住なれた家を後にして竹田へ疎開してまいりました。

兵庫驛でわかれた時、大部分の人達は涙を流して泣きました。その涙は親とわかれる悲し涙でもあったでせうが、底にはきっときっと米英をにくみ、勝つまで頑張りとほさうといふ固い決心の涙でもあったのです。この日から満一年どんなに世の中がかわってきた事でせうか。わが神國は残念にも今までうらみにうらみとほして來たにくき敵、米英に降服してしまひました。だが、いつかふるい立つ時があるに違ひありません。私達はこの一年、苦しい事、樂しかった事、いろいろの苦しさなどと、ぶつかりあってすごして來たのでした。去年の今日、私達は今年のやうな事があらうとはゆめにも思はず、日本が勝つ日までと、胸に希望をえがきながら、疎開して來たのでした。出發前の夜、おそくまで近所の人達、親せきの人達と、かたりあったのでした。

日本が勝ったらいやでも歸へってこなければならないのだから、それまでの心棒だ。人間は心棒がたいせつだ、などといひきかせて下さった人、その中の二人、悲しい事に、にくき敵米英の飛行機から落とした消い彈であの世へさっていきました。私のおばあさんとをばさんです。この仇はきっときっと私達がうちますと、私は佛樣に手をあわせておちかひ致しました。もしも私達がうてなかったら子供にその心をうけつがせて私達のかわりにうってもらひます。又、もしもうてなかったらその子、その孫と次々に志ざしを受けつがせて、いつかは仇をうってもらふ決心です。神樣は私達を見捨ててしまわれるやうな事はなさらないと思ひます。どこまでも、どこまでも正しい方の味方になって下さいます。日本は正しい國なのです。米英は心のまがった悪い國なのです。日本は[註]東亜建設の爲、自分の國をぎせいにまでして東亜を侵略するにくき米英と戰ひ始めたのでした。勝利は最後にと、いふ事があります。日本はその言葉通りふるい立って最後に勝利をかざるのです。ここしばらくはいばらの道を私達は進まなければならないのです。去年から今年にかけての一年はいばらの道をすすむけいこをしたやうなものです。でも苦勞は今までよりも倍になるかもしれません。倍になっても心がまへさえ出來ておればなんでもありません。その覺悟は十二分にもうできております。米英は自分たちばかりよい事をしてほかのものはどうでもよいといふ考えを持っている悪い人です。私達はたきぎ取りにいって重たい木を背負ってかへりしな、こんなことをせねばならないのは、みな米英のためだと思っております。又、こうしてたきぎ取りなどにもいったりしたおかげで体はめきめき丈夫になりました。みなは大和心をしっかりともたすため、一生けんめいねっております。今日は私達にとって一生忘れる事の出來ない日であります。　終り

註　東亜　東アジア州を指す言葉　日本、朝鮮、中国、フィリピン、インドネシア、東南アジア地域をさす。

疎開して一年　岡田　慧子

疎開して來て早一年たちました。一年の間夢のやうにすごして來ました。長い間ですものつらい日も、樂しい日もありました。註走馬燈のやうにのりうつって來る、今までのことを私はよく一年間親とわかれて心棒したと思ひ、またお寺でくらしてゐる間によいことをおぼえたり、よい修養をさしてゐただいたことが何よりもうれしく思ひ出されます。お母さんからもたび〳〵手紙が参りましたが、一度こんな手紙が來ました。それは私がこちらに来ていろ〳〵とお母さんに送ったことがあります。その時に、お母さんがこんなや

さしい心をもったケイ子にして下さった先生達に感謝をするといって手紙が來ました。私も家にいた時はお母さんのいはれることをきかなかった時もありました。今思ふと親ほどありがたいものはないと思ひます。

こちらで山へたき木を取りに五年のとき、今の六年の男子と私達六年の女子十人ほど、朝、皆といっしょにいって、又、晝から行った時は私も行きました。しんどいどころか作業をするのがおもしろいぐらゐに思ひました。あの時こういった人がありました。つらいことがあればうれしいこともあるから、又、いいこともあるでせう。といった人がありました。そういいもってかへったら、さっそく山へ行った人だけお風呂へ行きますと先生がいはれたので、やっぱりよいことがあったと話をしたことがありました。

長い月日の中におやさいをもらいにいったことや朝耒山にわらび取りにいったことなど、城山にも登ったことがあります。始めのうちは五六回休みよりましたが、このごろは休まずにあがれます。たき木をとりに行っても、あのしばを四人でようもたなかったぐらゐですが、今は一人で一わようもってかへれるやうになりました。それだけ私達の体が丈夫になったなどよくわかります。今度かへったらたき木をとりにきて下さいとだれか隣組の人がでもいってこられると、私一人でとりに行って、一人でもってかへってきて、お母さんを、びっくりさしてやらうと思ひます。家にいた時はたき木など取りにいったことは一度もありません。それだのにたき木を一人でとりにいったら、お母さんはきっとびっくりする事でせう。

去年の今日はきっと勝ってばんざい〳〵でかへってくることができるだらうと思って、兵庫驛でお父さんやお母さん近所の人や大勢の人々に送られながら、私達はこちらへ來ましたが、そんなことは水のあはとなってしまひました。今度、なんぼ、皆といっしょにかへっても、決して〳〵ばんざいなんかいへません。

これから先、いばらの道をふんで行かなければならなくなったのです。今までの心棒ができたのですもの、きっと〳〵いばらの道もふみとほすことができるにちがひないと思います。疎開してきたのも、大東亜戰争を勝ちぬくためです。今までの心棒をもう一度くりかへして、又、おきあがる日までがんばりぬく決心です。

終

註　走馬灯　灯篭の一種、二十の枠で作られ内側の枠を回転させることで次々写る絵が変わるように工夫された灯篭。そのことから次々と変わるときに例えとして走馬灯のようにと言われる。

疎開して一年　藤原紗代子

思ひ出す四月一日、前の日、一生懸命、家の物は二人の疎開する用意を十一時頃までもした。光子姉ちゃんに、きゅう〱ぶくろをこしらへてもらひ、母は、つぎをあてたり、父は名札を書いたりして下さった。私はもうねらないと、明日おきられないと思って早くねた。朝になって四時ぐらゐに父におこされて、おきた。

法樹寺

胸がどき〱するやら、目には、なみだをにじませて、父母の顔を見つめました。食時をしてもなにも口にはいらないやうに、少ししかたべられません。

もうおくといって、さっとたちあがり、いつのまにか、私達の荷物が用意されてゐた。父母がみをくって米子姉ちゃんに、つれてきてゐたゝいた。

私は家の人とわかれる時、元気に、生きて私のかへるのを、たのしみに神戸でがんばってねといひました。

三ノ宮まであるき、汽車に乗って、白いは

んかちをひらめかせて、父母の姿を汽車の窓から、みをくってゐましたが見えなくなった。

父母のいったことばは元気に病気にならぬ、よい子になって、よく勉強をするといったことでした。今にも頭にうかんで来ます。

ようやく竹田驛に着いた。そのと中にトンネルが六つほど、山がいくつも〳〵かぞへきれないほどたくさんあり、姫路から京口までの間に姫路のしろが美しくみられました。

そして、法樹寺に行き、着いた時、にもつをおろし、面會室で食時をすませた。

だん〳〵日がたつにしたがって、生活もなれ、おく村といふ所や、ふじわ、あさご山と、いろ〳〵のなまへもしり、行きました。わらび取も、おもしろいほどたくさんでした。生まれて、始めてのわらび取なのでめづらしいやら、うれしいやらでした。

始めは、しんどくて〳〵たまりませんでしたが、なれたらなんともありません。

五月五日にえんげい會をし、出征兵士、父母聲を聲高く歌った。神戸でしたら、一年に一度しかないが、竹田へきてから、いくらしたかわからないほど會をひらいてしましたわ。竹田町へ来てからも、目はよくなり、体もつよくなり、たべ物にふじゆうはしませんわ。竹田へ来てからも、私達をこんなにじょうぶにして下さったのも、皆、みな様のおかげですわ、心から感謝してをります。じゅうぶんにしてゐた、いて、もったいないですわ。来た當日は、かなしかったけれど、町の人々が、やさいや豆さんや、いろ〳〵出して下さるので、子のやうにいたやわって下さるのでうれしいですわ。そして、しだいに、ひゝの生活もゆめのやうにすごし、今頃は、いなご取って、やいてたべたりするのも始めてですよ。

それも一生に一度、あびわったこの生活、わすれられないこの法樹寺、大きくなっても、ごおんはわすれられません。私の子にも、話されるし、私達は日本の國を、守って行かなければ。

九月一日も、戰争のこともわからないほどのごちさう、なんきんごはん、おかづは、にしん、大へんな、ごちさう、もったいない。神戸の人は豆さんばかり、感謝しなければならないです。

これからもなにごともがんばりあひませう。

昭和二十年九月一日作

疎開して一年　杉田　康子

思ひ返すと長い月日も色々なことで夢の様に過してしまった。去年の今頃はなつかしき神戸を後に汽車で竹田へ〳〵と向かった時である。うれしさ喜ばしさで胸の中は一ぱいである。

勝つ為に次の日本に背負ひ立つ為に疎開して来たのである。来た當日はたのしくなれない生活を始めたが、だんだんなれて来て兵隊さんの生活のやうになって来た。

二、三日過ぎると早あのなつかしいふるさとの神戸が思ひ出され，また、近所のお友だちと遊んだことが目の前にうかぶと、もう矢もたてもたまらないほど胸がこみあげて一日に何回となく悲しさが私を包んだこともあった。また、弱い足を引きづり、たきぎはこびに勢を出した。しものおりた朝、早くから身にしみるつめたさを感じながら、泣き〳〵奥へ作業にも行った。その時などは一そう私の心に神戸の生活が思ひ出されたが皆心棒して勝つために〳〵と心にちかって働いた。だが、またうれしい時などもたびたびあった、あの、やっさかつぎのお祭りなど、お正月かの様にも思はれた。そうしてうれしい日、かなしい日が私たちを泣かせたり、喜ばせたりなぐさめたりして、夢の様に毎日〳〵の日日が暮れて行った。

　だがあのにくき米英のために家はやきはらはれなほ、いまでは、軍も破られてしまった。これが軍に戰に勝ちぬいて一年の疎開生活であればどんなに私たち子童をよろこばしたことだらう。とつく〴〵思った。私たちは、も早、このつらいなれない生活になれて二たびこの日本をふるひ立たせる[註]少國民となった。

　なれない作業もすっかりなれて体もみちがへるほど骨組強く足は、一里や二里の道も平気で歩むやうになりうでに力がはいり、今では、つらいことなど忘れ疎開して来てよいことばかりのやうな気もします。米英のためにたべものをへされても私たちは、ちゃんと前から山へ野の草を取りに行ったりして、もうそんなことには、なれてしまった様な気もします。でも敵はそれの何倍とゆうひどいことをするのがどうりです。だからもっと〳〵けいこにはげまねばならないとつく〴〵と思った。手紙でもはがきでもいつもぬかさず勝利の日までがんばりますと書きそへたこの一言も今はねうちなくきへさってしまったと思ふと何だかつまらない様な気がする。私はまだ八箇月（はちかげつ）ほどしか立っていなそれでもよく疎開地生活をし通したことだなあとつつづく思はれる。

（オハリ）

註　少国民　アジア太平洋戦争中、小学生ぐらいを対象にした呼び方、将来大きくなったら兵隊にという意味も含まれていたといわれています。

疎開して一年　六年　荒川志壽子

私たちは疎開にきてから今が一年です。

私は疎開にくるときこういはれました。いつお父さんやお母さんにあいたかったても勝つまでがんばりなさいといはれました。私たちは勝つために疎開にきているのにこんなめにあひました。さうして兵隊さんがいってゐるとうりなにいっても飛行機ですのに米英にとだれてしまった。けれどもこれから米英にまけづにいしゃうけん勉強をしなければなりません。なで日本がまけたかと國民がもといしゃうけんめいにはたらかなかったからです。神戸も家を焼かれて裸一貫となっても米英にまけません。

さうして私たちがこれから一産業戦士となってはたらきます。さうして先生や寮母様のことをよくききさうして勝つまでがんばります。

疎開して一年　尾上　尚子

　私たちはこの竹田へ來てはらかへりたい〳〵といっているまにもう一年がきました。こちらへきた時一ばんつらかった時は山へたきびとりに行く時でした。それからお母さんといっしょにねられないこととが一番つらかったのですがもうなれてなんともありません。

　またたのしい時もありましたがそのたのしいことは、町へおよばれにいった時の事です。おもちとかくりごはんをおなかがはちきれそうになるまでたべたことがなつかしく思いだされます。私と山下さんと、きのふの夜はなしたんですが家におるときにはかならづ山下さんとあそんでいました。あそんでいますと山下さんとこのおばあさんがふくちゃんに久子ちゃんおいでとよんで私たちがいくとよもぎだんごやそのたいろいろな物をくださったこともありました。そんなことおきのふの夜はなしているうちにねてしまって今日ちゃうど一年になりました。

　私たちが來た時竹田の學校であづきのはいったおにぎり三ツと、それからそのごはんつけておかづがありました、があまりたくさんだったのでのこしました。おほかたの人はのこしました。そんなことはもうゆめの中のやうです。私たちがへきへおりますと竹田の人がへきの前にならんで私たちをむかへに來てくれたのことがいろ〳〵頭にうかんできます。ではこれでおはりにします。

疎開して一年　淡路　由紀子

今日は疎開してきた一年にあたります。

つらい日もたのしい日もゆめのやうにすごしてきました。親のそばをはなれて疎開してきてゐますとなんだかさびしいかんじがします。けれどもみんなは、かつためだといって疎開してきたのにざんねんにもまけてしまひました。疎開してくる時にはお父さんやお母さんにわかれをつげてきました。私たちはまけるなどとは思はずかつのだかつのだと思って疎開してきたのがなんにもならなくなってしまいました。疎開してくる時にはうれしくてうれしくて、くる前のばんは、ほとんどねてはいません。うれしいうれしいといってきたのにかなしい日もつらい日もありましたが、がまんをしてとうとう一年になりました。山へたきぎをとりにいく時はちょっと長い道をあるくと、足がいたかったり、しんどかったりして、長い道をあるくのになんべんやす

薪をとりに行った道中の石柱

んだかわかりません。けれど、いまは、足もつよくなったし、からだも丈夫になったりして長い道でもへいきであるくやうになりました。

　きた當日（とうじつ）は汽車がくるとお父さんやお母さんのことを思ひだしてはかへりたくなってきます。今はそんなことはなくなって汽車がきてもお寺の内で汽車をみてゐます。くる時に汽車にのってみんなとくるのがたのしみでした。

　驛でお父さんやお母さんがみをくってくれた時はうれしくてなみだなんかでませんでしたが、お父さんやお母さんや私たちが元氣で丈夫でいてくれるかと思って汽車がみえなくなるまでお送ってくださいました。

終

疎開して一年　山下冨二子

去年の今日はあのなつかしいお父さんやお母さんとわかれてきた日だ。汽車が出る時お母さんが手をふってくれた。妹もふってくれた。あまりうれしいのでななないてしまった。今ごろはちゃうど汽車の中で友達とはなしをしてゐるころだ。この次のえきでおりるといったとき、私はうれしくて〳〵たまりませんでした。疎開して二、三日たって、急にお父さんやお母さんのことを思ひ出して夕方、にもつのとこで泣いたことがありました。手紙がお母さんから來て、うれしたきに泣いたこともありました。10月ごろになるとたきぎとりややさいとりにいったこともある。しんどい〳〵いひながら、城山へのぼったこともある。このおかげで大へん集だん生活になれました。

汽車がくるたびに門の外へ出て見たこともあった。これからこの苦しい生活をして行くのに私たちはこの一年間そのおけいこをして來たと思ふ急にうれしくなって來ました。

私たちは勝つために疎開して來てゐるのに疎開して來た會(かい)がないが、これもみな私たちががんばらなかったからだ。又、私たちが一日も早く大きくなって、あのにくい米英をやっつけてしまって、もとの天皇陛下の大御代にかへすのだと心でかたく〳〵私はちかっているのです。兵器をたくさん私たちが作って、男の子をりっぱな育て上げてお國の投【役】に立つやう。そして日本全國國民が一日も早く平和にくらして行けるやう。みんなが天皇陛下の御ために[註]忠儀をつくして日本を二度と盛んにしたい、どうしても明らかにしたい。これは私の心にもってゐる決心です。

疎開して一年間、悲しいこととやうれしいことやたのしかったことや、いろいろな事がありました。この一年間かへりたい〳〵、いひながらもくらして來た。この一年間、月日の立つものは早いなあとつくづく思ひました。私たちが大人になってから思ひ出になると思ひます。私たちが大きくなったら、日本の國はころっとかわってゐることと思ひます。

ヲハリ

註　忠儀　天皇に真心を尽くして使えること。

疎開して一年　石川　輝子

疎開にくるときはうれしかった、のでいく日のばんはうでしかってねらないで話ばかりしてゐましたが、母さんが疎開にいったら生生【先生】のいふことをよくまもり、りやうぼさんのいふことをよくきいて、しかりべんきゃうをして、このたたかいにかつまでがんばって、もしこのせんそうがかったらむかへにいたるからそれまれがんばってと私しにいひました。それから疎開にきてからのこと、私と弟と父さんといしょに竹田につれてきてもらいました。きたときはうれしかったけれろ、父さんがいんで、五、六日たったとき、いにたかったけれろだれもいにたいなんかいふものは、一りもおりませんので、私しもみなといしょにこのたたかひがかつまでがんばろうといって、一年もがんばりました。するとこのせんそうはまけたときひて、がっかりしました。私したちはこのたたかひにかつために疎開いしてきたのはなんのためか、さっぱりはかりません。豆のごはんもいやが、それもかつためやとおもてしんぼうして来ました。私したちはこの一年をがんばってくれた、または兵隊さんにはすまないとおもひます。もこれからどんなくるしいことがあってもがんばりますから、父さんも母さんも私もかつまでがんばります

疎開して一年　池永　満千代

私たちは疎開して來てからもう一年になりました。

これまでにこんなにくらして来たかしれません。私たちはかつと思って來

たのに、こんなことはみなうそになってしまひました。

來てから山へたきぎを取りにいったこともあった。やさいものがないといってわらびやぜんまいも取りにいったことがあった。その時こんなに私にはつらかったことであったか。そのことよりも、もっと〳〵今の方がつらくてしかたがない。今さらそんなことをいってもしかたがないと思ひます。

これから米英が來て，どんなにむりをいふか、またどんなつらいことがあるかわからないが、いくらあっても、これまでいぢゃうにがんばっていくけっしんでおります。それは、私たちより天皇陛下は私たちのことを思って、どんなにくるしい思をしておられるのでせうか。

家ではかつまでがんばってかへるまで家の人はみなそれをたのしみにいっしょうけんめいはたらいていたのに、それもゆめのやうになってしまった

これから、今よりくらうに〳〵をかさねなければこの日本は立ちあがらないと思ひます。たとへどんなことがあっても立ちあがって、りっぱになるまでいつまでもがんばるけっしんです。

疎開して一年　栗木原　剛

ぼくらが疎開に來てから、今日で一年目だ。疎開に来る前の日は、うれしくてうれしく夜も寝られなかった。

朝の三時半ごろ御飯をたべて、四時には、姉さんと學校へ行った。まだ外はうす暗かった。學校へ行って見ると、まだ學校には、だれも來てなかった。すこしの間姉さんと話をしてゐると、みんなが來ました。みんなは、お父さんと来ている人もゐた。ちゃうちんをつけて來てゐる人もゐた。すると電氣がついた。もう並ぶといった時、姉さんは「元氣で行ってらっしゃい」。といった。ぼくは「ハイ」。と答へて並んだ。

並んで驛へ行く時は、みんなのお父さんやお母さんが「元氣で行って來いよ」といってゐました。驛へはいってちょっとの間してゐると汽車が來た。汽車が來た時はうれしいやら悲しいやらでした。「戰争が勝までならもうすぐだと思ふとうれしかった。汽車に乗るとみんなのお父さんや母さんが「ガヤ〳〵」といって行た。汽車が「ボーッ」といふとみんなは「バンザイ」といって見送ってくれた。汽車がはっしゃしてみんなが見えなくなると淋しかった。だが、外のけしきを見るとなんともいへないよい氣持がした明石の海でお日様が海から出てゐた。ものすごい大きいお日さまでした。お日さまの光が海に光ってまぶしかった。十二半ごろにこちらへついて驛で式をした。式をするときは暑くて〳〵汗が出た。學校へ行くとちゅうにくゎんをん寺のかいだんを見るとずいぶん高いなあと思ったが、なれて見るとなんでもなかった。竹田国民學校へ行って、ごはんをたべて、お寺へかへって荷物をあけた。をばさんやおしょうさんが足をふいてくれたりお茶を出してくれたり色々としんせつにしてくれた。始めはりょうぼさんとやさいもらひに行ってナスビを二つぐらいもってかへってゐたが今思ふとはづかしいぐらいだ。はじめは夕キ木取りに奥村へ行くのでも少しでも行くと「まだか、まだか、まだ、まだ、とほいの」。といってゐってゐたが、今思ふとちょっとぐらいの作業ぐらいなんでもないと思ふ。ワラビ取りに朝來山へ行ってサクランボを取って飲【食】べたりした。藤和へ栗拾いに行った。栗拾いに

藤和峠の地蔵

行った時も「しんどい、しんどい」といってようようついたといった時はしんどいのでへちゃばってしまった。お正月によばれに行った時は、はらがいっぱいで、困ったこともあった。その上に、お餅をオミヤゲにといってもらってかへった。面會に來た時もうれしかった。九月に來てからいろいろとうれしいことやかなしいこともあるものだと思った。戰争は負けてしまったが、がんばらうと思ひます。

をはり

九月一日

疎開して一年　四年　板東　稔

ぼくたちは去年の九月の一日にこの竹田町へやってまいりました。驛へついて汽車をおりると和田山の六年生やまたわたなべ先生が上りのプラットにぼくたちのおりるのをきっとまっていてくれたにちがひありません。驛を出て驛の前で竹田町でえらい人がいてぼくたちのくるのをしって、むかへにきてくれたのにちがひありません。それからすこしたってお寺にいくことになり、あるいていると「ばった」がぴょんととんで、たのしさうにあそんでいました。お寺に來て足がきたないのでお寺の人々がふいてくれました。それから上がってお茶をのんで「べんじょ」がしいたいのではしっていって、あわてて風呂ばへとびこんでしまひました。するとお寺のねえさんらしい人がべんじょをおしへてくれました。それで「して」からざしきへあがってみました。とてもひろくおもひました。が、いまでは来たころとものすごくせばいと思ひます。あがると刃【刀】でさむらいごっこや、かるたなどいろいろして遊びました。そのときはなんともおもしろかったです。またある日はお寺の和尚さんにつれられてかわへいったこともあります。そのときぼくは病氣で塩見先生が「川へはいったらいけません」といったので、石で池をこしらへてあそんだこともあります。たきぎ取りにいってかへりしな草でいなごを取ってかへってやいてたべたこともあります。冬は朝起きると寒いので雪で顔をあらったこともあるだろうと思ひます。朝の食事がすんでひばちにあたってから、ゆきだるまをこしらへたそのときのつめたさはほんとうに手がちぎれるぐらいでした。さっそくひばちにあたってまたこんどは雪をたべたこともべんとばこにゆきをいれてたきよって見つかってしかられたこともあります。火ばちの火がないのでもらいにいって山もり火ばちにいれて、火ばちのすみにあった紙がくすぼって「なにをもやしよんや」といってりゃうぼさんにゆわれたこともあります。朝起きるもちょっとの火でもあったらふきます。ふきよって灰が目にはいって、目をわるくしたこともあります。

また、ある日は「起きなさい」といってもおきなかってふとんをめくられたこともあります。そんなのでだんだんなれてしまひには雪も暖く、ゆかいにあそんだことやゆきでとんねるをつくって、その中でたれかが大べんをしたのでだれやといってもわかりませんからそれですみました。

一月の一日は朝はやく起きました。それでひょうまい神社へまいってからかへってぞうにやうづら豆やかづのこやいろいろごちそうをたべました。その日はそれであそんでじぶんのすきなことをして二日にはおよばれにいきました。

竹田校へいって、こうとう二年生ぐらいの人につれられて新居へよばれにいきました。それでいろいろたべかへりにそばをたべてからおもちをもらってかへりました。それで三日の日にれいの紙をひるからだしにいくのだそうです。晝はちひさいしょっきにぜんざいをいっぱいたべて紙をもっていきました。するとまたお餅を三つくれました。

春になってから、わらびやぜんまいやふきをとりにいきました。毎日いってとってはしの上でしらべたこともありました。夏はおよぎにいったり山へいったりしてくらしました。

終

疎開して一年　今西　恭一

ぼくらが九月一日にきてもう一年になりました。ぼくらが竹田へきて驛でしきをして、お寺がついて、りうぼさう【りょうぼさん】が、どきん【ぞうきん】で足をふいてもらいました。そうしてお寺の中でをりました。そうすると、りうぼさんが、お茶を、もってきてくださいました。

ぼくが疎開にくるばんわ、お父さんが荷物もして、晩はやくねて、あくる朝お母さんがごはんとゆうてごはんをたべました。

それから、くるとき、きんじ【きんじょ】の人がぼくに元氣でいっていらっしゃいとゆうて、おばさんにお金や豆やもらいました。そうして、朝早く須佐校へていって、かたパンやパンこやいらだきました。それから、兵庫驛へいって、二カいめの汽車に乗りました。そのときはうれしくてたまりません。姫路の驛で、またうれしくなりました。ぼくは竹田の驛はいつか〳〵と、まってをりました。すると先生が、つぎの驛だといふかから、あわてました。

それから、三前に竹田校でごはんやきんとき豆やいただきました。

そうして三日ほどしたら、手紙みがきて、なんだかかなしくなりました。そうしてきて町も出らぬ、お寺の中でをりました。それから大村から木も三本ぐらいしかもたれなかった。そうして、十二月ごろから五、六本もって、八月から十本ぼと、もつようになりました。

ふきや、わらびやとりにいきました。朝來山にいつと櫻ぼを、たべたりしました。城山のぼるのにも、二かいもやすみました。もうなにもなれました。

疎開して一年　来住　俊亮

ぼくは疎開して去年、今日今ごろは汽車にのっていました。

竹田驛についた時は和田山から兄さんがむかひにきてくださいました。驛の前でしきおした時はあついのでみんなしんどさうにしていました。それからみんなむかへにきてくれた子どもに、にもつをもってくれました。

お寺へつくと足がよごれていたのでわたなべ先生にぞうきんでふいてもらひました。

みんなも先生やおしょうさんにふいてもらひました。はじめはうれしいので、みんなといっしょにほたへまはっていましたが二日、三日とたつあいだに、だんだんさびしくなってきました。そうしているあいだに、いずも先生があすからめんかいがはじまりますといひましたので、ぼくたちはよろこんでいました。それから、みんなは、めんかいがくるのがうれしくて汽車がくるたんべに門の外へ出て、いましたが、ぼくのお父さんもお母あさんもきませんでした。ある日學校からかへって見るとふじたのをばさんがきていたのでかばんをしまってあさばうとしていますとふじたのおばさんが来住さんとこめんかいにきていますにといったので、門のそとを見るとお父さんと茂明がきていました。お父さんと茂明はかんおんじへさきにいかれてあとからぼくのいるお寺らへきたのです。晝のごはんをすましてからお父さんと茂明とぼくと三人でかんのんじへいきました。さうして健明の兄さんと四人で英明の一ばん上の兄さんのお寺らへいきました。英明のお兄さんは和田山のお寺ですから、和田山まであるいていきました。お兄ちゃんのと、おほてから二時間ほどいましたが、夕はんがおくれるのでかへりました。健ちゃんのお寺へさきによってからぼくのお寺で、お父さんがあいさつしてから驛へ行きました。汽車がきてお父さんとわかれる時がいちばんつらかったと思ひました。それからお寺へかへって夕はんおたべましたが、おなかが大きくてたべきれませんから半ぶんほどのこしました。それからみんなとあそびました。

十一月九日はぼくの生まれた日です。その時ぼくのめんかいびでお父さんとお母さんが行きますと、てがみがきたので、そのあくる日に學校へ行く時そのてがみおもっていって健ちゃんに見せますと、健ちゃんは十一月九日はおまへのたんじやう日だといひました。それからその日お、まちにまちました。その日學校へいって健ちゃんに今日めんかいにくるよといひますと、健ちゃんはきたら晝(ひる)ごはんがすんでからかんのんぢへおいでよといひましたが、そのことをいまお思ひ出しました。そのことお思ふと、なんだかなつかしい父母兄三人のかほを思ひ出されます。もっとかきたいか、かかれませんからをしまひします。

をはり

疎開して一年　村瀬　匡男

去年の九月一日は三時ごろ起きて五時ごろ學校へいった。それからパンとカンパンを二人に一ふくろづついただいて、それからむしパンの粉を一ふくろづつもらって、すぐに學校を出た。驛へ行くとすぐにからっぽの汽車が來たのでお母様にわかれをつげて汽車に乗った。そしてお母様の見えなくなるまでてをふったりぼうしをふったりしていた。そしてお母様が見なくなったのでまどをしめた。

それからむかふへいったらどんな家だらうと考へたり、前にかはがるのか、早く行きたいなあと思った。それからごはんをたべた、二時間ほどしたら青くらについた。つぎは竹田といった時はほんとにうれしかった。五分ほどしたら竹田についた。そして竹田驛の前でしきをした。お寺についたその時は大きなお寺だなあと思った。そしてえんを見ると、何物【荷物】はちゃんと來ていました。そしておばさんがお茶をもってきてくれたので、三ばいのんだ。そしてパンをたべらうとおもってわって見ると、くさっていたのでほかした。

そしてづぎの日、目をあけるとぼくはあんまりひろいのでゆめかと思った。あたまをどついて見るといたいので、よく見るとよこに松本くんがをったのでやっとはかった。それから二、三日してぼくはかへりたくなったけれども、かつためだと思って何物の方を見ると粟木原くんがないていたの、女の子の方を見ると大かたの子はないていた。それから十日ほどしてて、たきぎとりにいった。ぼくは三本もった、それでもおもたかった。今ではもう十本も十五本ももつやうになった。やさいがすくないときにはふきやわらびやまたわ、ぜんまいやくすりになるげんのしやうこをとりにいったりした。冬は雪がふってさむいゆふて、ひばちにあたってふるへていると、木戸先生がたきぎとりといったので、そとへでると手がいたくてひりひりした、けれども、これもかつためだと思ってしんばうして行った。かへってくるとひばちにとんでいってあたった時もあった。それから、ようどへなんきんとりに行った時もあった。こないたいった時はそうもしんどいことはなかった。つらいときもあったけれどもうれしいときもあった。た。おまつりにはおなかがぱんくするほどいただいた。お正月の時もは…（一部文集の綴じ目に綴じこまれていて、読み取れません）

それから、かつためにと思って疎開してきとるのに、日本が負けてしまってほんとにざんねんと思ひます。

をはり

疎開して一年　荒川　盛博

ぼくは、十二月七日に汽車にのて竹田え疎開いしてきました。くるとき、うでしかたとおもいました。和田山の六年生が三月日に竹田をとおてかいりました。ぼくらはもと和田山へえんそくにいきました。ぼくだはきたときお寺がおきとをもいました。ぼくらがくせだへたきぎとりにいきました。P29ゐきとんできました。ぼくはふユにものがあしにれきました。ぼくらは元氣でべんきょやさげ【さぎょう】をしています。ぼくは、いなごをとてきて、やいてたべました。もとしろやまへ先生とでまめきにゐきました。ぼくらはお正月に新町えよばでにいきました。げたに雪きがつもてあるかでなかた。もとふりはまで、はだびとりにいました。もとやすいぐチ、ふきとりにいきました。ふきをとりよた、おきむかでがでてきました。竹田學校へほそしにいきました。よそのおぢさんにかつらをしてくでました。そのときうでしかたとおもいました。

おはり

疎開して一年　藤原　和己

みんなが來てから一年だが、ぼくは四月一日に來ました。まだ今日で五ヶ月しかたっていません。來たおりには、みな元氣でたのしそうでした。ぼくもみんなを見てうれしくてたまりません。それから書御飯を食べ、それがすむと六年男子は奥までしば取りに行きました。四年はくるびきにこぢゃうの姉さんとやさい取りに行きました。そのときは来たそうそうで道がどこがどこやらわかりませんがついて行きました。初めてですからしんどくてしんどくてたまらなかったが、今まごろはしんどいことはありません。

お父ちゃんやお母ちゃんにわかれた時はどーもなかった。朝三時ころに起きて御飯をたべ、三ノ宮の驛でちょっと待ってかいさつしたので、きっぷをきってぷらっとほーむへあがりました。大阪じたてでのりました。大へんすいてゐましたが、大久保へんから大勢乗りだした。こちらについたのは九時半ごろでした。晩ねてから父母のことを思ひ出してかなしかった。

春には櫻が咲き大へん美しい。朝来山にも櫻が咲き一ぺんみんなとおべんたうを持って行ったこともあります。朝来山へわらび、ぜんまい取りに行ったり、安井の方へもふき取りに行ったりした。朝来山へわらび取りに行ったかへりに櫻のみを取ってたべて口を黒ろくしてかへったこともあったり、上の畠にくわを持って、たがやしたり草を取、今まではさつまいもも、うへてをります。

蟬も鳴き　門の横には　さるすべりが　鳴いて【咲いて】きれいです

をはり

疎開して一年　澤田　敏夫

ぼくは去年の九月一日は、うしくてたまらなかった。行くときは，まづ、てんじん様に拝んでかから、しんるいのお父さんやおばさんのところから歸て須佐校にきました。

疎開いする時はしんせきのおばさんやお兄さんにや弟に見送してもらいました。汽車に乘った時わ、うれしいてたまりません。

ぼくは竹田は遠いとかんじしました。姫路で長く、とまりましたその時はきゅうにうれしくてたまりません。竹田驛についた時は驛の前にお寺が並んでいるから、ぼくは、もしもそこへきたかもしれないと思っていました。

竹田驛で須佐の子供も竹田の生徒もいました。あいさつした時は疎開いではくわ原がだいひょになって出ていきました。

それからは二三日したらぼくは父母のことお、あたまに浮かんだので、だんねも、たった二三日ちしたら歸りたくなったが、くる時は滿の兄さんとかたく〳〵決しした、のが浮かんだので、ぼくは小さくても負てはなるものかと、思ったので黒田君や山下君と、せんすでなぐるりやいおして遊んだので、すっかりわすれてしまいました。

ぼくはかなしい時もしんぼして一年もくらしました。

をはり

疎開して一年　四年生　田中佳寿子

私達が疎開して一年になりました。

疎開してきた時はほんたうにうれしくてたまりませんでした。けれども二、三日たつと、お父さんやお母さんのことを思ってさびしく思ひました。けれども、もうだんだんなれてしまって、そう思ひませんでした。

ちょいちょい思ったけれども、勝つために疎開をしてきたのです。私は先生といっしょに泳ぎにいったこともあります。又、山へいって木を取りにいったりして、しんどかったりして二三本しかもたなかったのにだんだんなれて六七本もつやうになりました。きた時よりもからだが、じゃうぶになったのでうれしく思ひます。

山へいってたべられる草などを取りにいきました。

又，おべんたうを持って、取りにいったこともあります。

およばれにいったこともあります。

よばれにいっておなかいっぱいよばれて、又、その上におみやげをたくさんいただいたこともあります。

冬は雪がたくさんつもりました。私は、雪だるまをつくったりして、男子は雪の中へはいったりしました。

神戸は少し、つもるだけですが、こちらは、たくさんつもりました。私達は朝早く起きて城山のてんぺえのぼって、朝のいい勇気をすうて歸りました。

私は一番始めくせだへやさい取りに先生といっしょにいった時は遠いと思ひました。なれると近いと思ひます。

私はお父さんやお母さんから手紙がきた時はほんたうにうれしくてたまりませんでした。十一月ごろはまだ家がやけていませんでしたし、こんなことになるとは、ゆめにも思はなかったです。みんなしんぼうをしなければなりません。

疎開して一年

ナマへ鹿島登三子

疎開して一年目になります。

長い間お父さんお母さんの親もとはなれてやっと一年目になりました。疎開來までにはお父さんも、お母さんもどれだけ心酒【心配】したであらうか。

むかふへ行って病氣のことやいろいろなことをお母さんらしんぱいなさったのに今まで病気せづにそだちました。

私ちはやさしお寺にそだててもらつて病気もせづにほんたうにしやはせです。

來る時には驛まで送ってもらった、ほんたうにうれしかった。

今までの家のことを思ふとなんだかかなしくなって来る。

勝賢寺

汽車の中ではどんなお寺でせうかと思った。來た時には、ほんどのはしまであるけないと思った。

來る前のばんはいろいろごちさうをしてもらった。

私たちはうれしく正月はむかた。來る前のばんにはお父さんお母さんとよくはなした。私は心の中でどんとこいやと思った。

來る時には朝はやくおきてお母さんからどのくつ下はくのん、どん服きんのんと行った。

来るばんにはうれしくてねられなんだ。お

父さんは私にむかふて、元気でかいて来なさいといった。
歸って来るときには戰争がもうきっと勝つといった。のに戰争もはしくなって來た。私は戰争がまけたとは思はない。　終
二十年九月一日

疎開して一年　三野　嘉子

九月一日に私たちは竹田にくるとひるまへに、竹田えきにつき、えきの前でしきをしました。

私たちはお寺へついてからうれしくてたまりませんでした。

きたばんに、竹田の學校でばのごはんをよばれました。

ほんとうによいいごちそうで、私はこんなしんせつなので、うれしくてたまりませんでした。

學校からかへってから、しゃうけんじとでんしゃうぢにわからました。

お寺の池におよいでいた、こいにパンをやったこともありました。

私たちは二、三日、ぐらひたってから、にもつのはたばかりで、かへりたいなあといったこともありました。

お寺のおねえさんにおもちゃをもらったこともあります。

私たちは、一月きほど、しゃうけんじにおりましたが、法樹寺にかはりました。

私たちはかはるのがいやでたまりませんでしたが、もうならつきました。法樹寺へかはるときに、せんべやまめやらいろいろのものをもらひ、おわからのしきをしました。

お寺でたいこたたきも、したこともあります。

かいすいよくも、いたときも、あります。

私たちは児島先生が、かへるときは、みんなお寺の前で、ないたこともあります。

私たちは、初て、奥の山までいくときはしんどうてたまりません、でしたが、いまに。なると、なにもおもひません。

私は一年じゃう、びょうきをせづに、元気にくらせて、私は、うれしくてたまりません。

私はおかあちゃんが、めんかいに、きてくらたことも、うれしくて、たまりませんでした。

私たちは、朝来山へ、わらびをやでんまいをとりにいきました。

朝、はよ、をきて、しろ山まへいったときは、しろ山まの上から、見たときはほんとうにきれひでした。

私はおまつりに、いったときは、よいごちそうをしてくらました。かへりしなには大きなみかんをおみやげをしてくらました。

私はくせだによばらに、いきました。お正月にもよいごちそうをしてくださいました。かなしやまや奥にたきぎとりにいたこともありました。

中川へえんそくにいったこともあります。お寺がおそじのときには、和田やまへべんとうをもっていったこともあります。

（をはり）

疎開して一年　四年　淡路　信子

私は疎開して一年になりませんが、そのうちにうれしいことや、おもしろいことなどありました。お正月によその家に、いったことが、すぐに思いだされます。今の先生の、お話をきくと、朝来山や、おく村へ、わらびや、ふきや、いろいろとってきたことが、思ふと、なつかしく思はれます。そのをりは、こんなことになるとは思ってゐませんでした。とりにいくのも、みんな戦争に勝つためだと思ってゐました。たきぎとりにも、なんべんもなんべんもいきました。お正月に、はごいたもついたり、おおや様にまいったり、そんなことは、みんなうれしかったことばかりです。

また、おべんたうもちでえんそくに先生とゐったこともあります。いばらの道を通ったことがあります。去年の今日はみんなうれしかったし、家もやけていませんでした。

またくるしいことがあってもがんばりませう。おはり

疎開して一年　森谷　淑子

疎開してからちゃうど一年になりました。きしな家では早くからおこされてかほをあらってごはんをいただきました。荷物のにづくりをしました。それから學校へ行っておはなしをきいておはると、私のすきなかたぱんやぱんこなどをいただいて、えきへ行きました。えきでまってから汽車にのって行きました。すると、須磨の方でおとこのしともおんなの人も赤ちゃんまでが外へ出てみほくってくれました。竹田へついた時、六年男子が竹田のえきに私たちをおくってくださいました。みんなの荷物を六年生の男子がもってくださいました。お寺でおひるのごはんをたべてからお寺でいろいろあそびま

した。それから竹田の學校へ行ってばんのごはんをいただきました。お寺へかへって竹田のおふろへただでおふろへいれていただきました。あがってかへりました。ちいとまあそんでいるときはなんといへないうれしくお思ひました。それからねまをひいてねました。それから朝になってかほをあらってから、ちゃうかひをしました。いつものやうにきゅうじゃうようはいをしてお父さんお母さんおはやうございますといっていました。朝ごはんをたべるのはしゃうけんじでいただいていました。私のおるお寺はでんしゃうじでした。みんなとおじゃみをしてあそびました。それからせんどたったら法樹寺へかはりました。法樹寺へかはったら、だれもしりませんの、はづかしくおもひました。けれども二、三日たつと、だいぶなれてきました。山へ行くと二本もっても三べんぐらいやすみました。けれどこのごろは五、六本もってもやすみません。きたはじめごろはちょっとけいかいけいほうがなったら、しんぱいしてしんぱいしてたまりませんでし

善澄寺

た。けれど、だんだんなれて來たらくうしゅうになっても、こはいことはなくなってしまひました。だんだんたべものでもまへよりも、すくなくなってしまひました。けれども疎開地でがんばります。まけてもこんどの日までかちぬきます。私たちがかたきをうちます。

疎開して一年　　ナマへ瀬町　瑛子

私たちは疎開して今日で一年めです。

私たちはなつかしいお父さんお母さんたちおはなれてきました。

私たちはかなしいこともありました。また、うれしいこともありましたが、がんばって勝ちぬことお思って今日までがんばってきました。が、とうとうこの戰そうに、とうとうまけましたが、私たちがはやく、おをきくなって、きっとりっぱな日本にしますと、がんばってゐます。

疎開してきてからはだいぶんからだも丈夫になりました。そうしていろいろなことがはかりました。そうして朝早くからしろ山へいったこともありました。お母さんたちがめんかいにきてうれしいこともありました。そうしてからだが丈夫になっていたので安心してかへりました。そうしておく山へなんきんとりにいったこともありました。はじめはしんどかったが、だんだんしんどくないやうになりました。そうしていろいろくるしいことがありました。でもがんばっていましたが、負けました。でもきっとりっぱにはやく、おをきくなって、みくににやくだつ人になりませう。ぐんど【こんど】こそ私たちがおおきくなつて、もとの日本にして、こんどはあのにくい米英お、やつけなければなりません。お母さんたちが、もしやみでかふと、なんぼ私たちががんばっても、この日本はたちあがりません。やみもせづに、畠けおして、いろいろなものおつくって、しんばうおしませう。そうしてしんぼうができるたけしんぼうしてがんばりせう。

九月一日

疎開して一年　四年 山川　誠子

私たちは疎開してきたときにおとさんやお母さんにおくってくれたときにかなしかった。私はお寺にきたときに汽車がとうるときにお母さんのことがおもいだしてかなしかった。私はお寺で長い門だ【間】かかった。たのしいことがありました。あそごやまへいってふきやはらびとりにいきました。私たちは朝早【早朝】しろやまへあがってけしきをみてかへりました。おまつりにいってたのしいでした。

みんなといっしゃうにかるたや、げうむや、おぢゃみをしてあそびました。ばんのときにねるときに、たのしいのでねられなかった。お寺でみんなとおもしろくしてあそびました。

疎開して一年　四年 伊勢 節

私たちがたけだへ疎開へにきてしろやまへのぼりました。なつかしいお父さんやお母さんのはたをはなれて疎開して來ました。それから一年もなりました。なつかしいお父さんやお母さんのはたをはなれて林しくて【淋しくて】たまりませんでした。けれど、なれつけたらひとつもさびしくはありません。あのにくいアメリカがげんしばくだんをつくったので、はがいて足のゆびがちんぎれさうにはがいかったです。まけたときいたときは、かなしくてたまりませんでした。なんぼお父さんやおかあさんがわたしたちがおやこのあとつぎをして、わたしたちがしんだら、そのあつぎのこにおしへてやらなければなりません。わたしたちがそかへにくるときわ、お母さんやお父さんやおばあさんや、そのほかの人たちにえきまでみをくっていただいたときわ、ほんたうにうれしかったとおもひました。お父さんやお母さんやおぢいさん、そのほかの人たちわくろうしてそかいしてきたとめんかいにきたとき、ゆうてをりました。

あのにくいにくいベイエイをたたきつぶしてしまってやらなければならないとおもひます。あの前きいたときの、おちよくごわ、わたしたちもわけわ、わからなかっても先生がおしへてくださいました。

わたしたちわ和田山へおべんともちであそびにいきましたこともあります。そのときわ、わだやまでたのしく一日あそんできて、それからおてらへかへってきました。それから久世田へおまつりの日におよばれにいきました。それから神町もいきました。朝来川へおよぎにいってたのしく一生けんめいおよいで、それからおてらへかへってきました。

ねこをながしたときが、ねこがわたしわ、かかわいさうでしたので、なみだがでて、ちやびんのなかでにやをん〳〵とないてをつたことがおもひだしました。そかいしていちねんめのつづりかたわこれでヲハリ

疎開して一年　大橋　潤子

私は疎間【疎開】きてから一年までがんばりました。なつかしいお父さんやお母さんをはかれて行く時はほんたうにうれしいでしたが、こちへくるとほんたうにかなしいでした。先生と汽車にのってきた汽車がなつかお父さんやお母さんは私たちをはなしてからぞう思ったでせうね、私も疎開してきてから汽車を見るとすぐかへりたいなあと思ひます。が、がんばらないけないと思ってがんばりましたが、とうとうこうさんをしてしまいましたから、がんばろうと思ふきにもなりません。お父さんやお母さんはどうしているだろうなあと思ひましたが、お父さんやお母さんをりませんから、おりませんからしかたがありませんからがんばらなければなりませんね。私はお父さんやお母さんのことを思ひながらくらしていってちゃうど一年までがんばりました。

（オハリ）

疎開して一年　板東　浩子

私はそかいにいくといったときうれしくお思ひました。來てからさびしくておかあさんやおとうさんのはたいかいりたくてないたこともありますが、またうれしくてたまらないひがありました。だんだんなれつけておとうさんやおかあさんのことがわすれるほどたのしい日がありました。こないうれしい日が出てから、かいりたくはありません。

くるときおかあさんにむかへてもらひ、お父さんにもむかへてもらひました。その時滊車が來て滊車にのってから、かなしくてなきました。するとおかさんもおとうさんもないていました。

ここへ來てさぎゃうやたきぎとりにいくから、神戸におったよりもずっと元氣でからだもよはかったけれど、だんだんつよくなって來て、おかあさんが來たらよろこばれるとお思ひます。おかさんやおとうさんのはたで一ぺンねえたくなりました。また、おかあさんも私しらのはたでねえたいでせう、かほも見いたいでせう。私はまだここへ來てから一年もたちません、一年たつまでおろとお思ってもなかなかおれません。一年たつまでおろとお思たらもう八日月をらな一年になりません。

えきについたときどんなとこだろと思ひました。おかあさんがどういふくらしをしているか、そんなんがああたまにうかんだりするだけです。

疎開して一年　高本　潔

　ぼくは疎開にきて、おく村へたきぎとりにいったり、わらびやふきもとりにいった。あせびっしょりになったことがあった。竹田學校から，ふじはにいってかへりしな、雨がふってこまった。朝からしろ山へのぼって先生におはなしをきいた。げきもしたおもしろかった。朝來山にべんとうもちで花みにいった。いばらの中へはいったり、ささの中に入ったりしていった。春、よむぎつみやつくしとりにいった、さくらがさいてきれかった。さかなつりにいった。げんのしようこお、とりにあぜみちへいった。みどにはいってとった。橋のらんかんの上できしゃがくればかへりたくなりました。あれでかへりたいなあと心の中でいっておったことがあった。毎日かんのんじへ雨がふってもべんきやうしにいった。くるびきやくせだへやさいもらいにいった。

　さむいときふとんおかぶってねころんだことがあった。こうかいどうへ、へいたいさんを、をくりにいったり、くさぬきおしたことがあった。ひょまいじんじゃやすがじんじゃへお前へり【お参り】した。すがじんじゃの石だんがしんどかった。

疎開して一年　米田　喜明

ぼくは疎開にきてさぎやうをしたりおく村へたきぎとりにいったりしてうでしかった。ぼくは朝來山へいってわらびとりにいったりふきとりにいってうでしかった。ぼくは竹田の學校へいってまい朝べんきやうをしたりしてあそんらりしてあそびました。ぼくはみんなとおひるになったらかはへいっておよいらりさかなつりをしてあそんらりしました。ぼくはみんなとあそんらりしてあそんらこともこともあった。ぼくは雨のふったときは、おてらのなかでみんなとなかよくあそびました。ぼくはなつになってからせみとりしてあそんらりしたこともあった。そうしてみんなとなかよくあそびました。

疎開して　石田　伊都子

私わそかいにくる前の日わうれしくて、たまらなかった。そしてばんにはうれしくてたまらなかった。八時ごろに學校にいってみると、もうだいぶんみないっていました。それからせんせいといっしょにいきました。かいさつしてからじきにきしゃがきて、それにのってからがさびしくてしよがなかったが、私わお國のためだからとおもってしんぼうをしました。きんじょのおともだちは中川でしたが、いっしょのきしゃですから、きしゃのなかで二たりでおはなしをしていますとひめじまでつきました。

のりかへして、ばんたんせんにのりました。そして竹田までついたのでおりました。そうしてお手【寺】にきますと、きんよのおともだちがたくさんおりましたので、私わさびしくはありませんでした。それかからまい日山にたきぎとりにいって、はじめはすこししかもたれなんだが、だんだんようけもたれるようになった。それから山にふきとりやわらびとりにいってじょうぶになった。

久せだに二へんぐらいいってもへいともなかった。お手【寺】ではみんながなかよくしてくれましたのでうれしくてたましませんぜした。それからみんなと、かってかへれるとはおもってゐましたが、こんなことになってしまい、たくさんおったのがだんだんすくなくなってしまひましたが、しまひまでがんばります。

疎開して一年　池永　誠治郎

※（作文は左から書かれていますが、右書きにして記録します。）

ぼくはきたときはうれしかったけれろも、二日三日たつとキシャがくるたんびにかへりかった。ぼくはきてから、たきぎとりやわらびとりにいったりしてあしがつよくなったとをもふ。ぼくはいへから、てがみがきてたいへんうれしかった。ぼくはほたへまはってはそんらり【あそんだり】した。ぼくはさくらんぼをとってきてたべたりしてうれしかった。をくむらまれ、やさいとりにいったりしました。やさいとりにいったりした。あさはやくをきてしろやまへあがってしたをみるとキシャがはしっているのもみへた。り、人がりれんしゃ【じてんしゃ】にのてあさごかはのはしをはしってをった。ぼくはあさごがはにをよぎにいったりした。

（をはり）

城山から見た竹田町

疎開して一年　二年　志満亜矢子

私がきてから、私ははらびとりにいきました。たきぎもとりにいきました。そしてちゃう目ん【帳面】もいただきました。しろ山にあがっておはなしをしてもらったときもありました。川へあそびにいったときもあります。こずつみがおくってきたときもありました。おかあさんからてがみがきたときもありました。おかあさんにてがみをだしたときもありました。花みにいったときもありました。かびしばい【紙芝居】をしてもらったときもあります。しろ山へにへんあがったときもあります。まりをついてあそんだときもあります。なはとびをしてあそんだときもあります。をどりをみたときもあります。ふでばこをかつていただいたときもありました。さらのちゃう目んをおろしたときもあります。竹田の學校へいったときもありました。たんぽぽの花を

竹田城址標柱

みたときもあります。あさがをの花をみたときもあります。やさいもらひにもいったときがあります。みんなと山へあがったときがあります。えんぴつをお姉さんにもらったときがあります。しけんをしたときがありました。お雨がフったときがありました。ヱをかいたときがあります。びやうきになったときもありました。にげるけいこをしたときがありました。をはなしをきいたときがありました。はたけの草ひきへいつたときがあります。私はこっちへくるときうれしいでした。たにしをとったときがあります。おをさうぢをしたときもあります。竹田の學校でにはとりのこうさくをしたときがあります。さんすのしけんもしたときがあります。よみかたのしけんをしたときがあります。びたみんをかうたときがありました。てっきが竹田の空のうへをとびました。おとうさんにてがみをだしたときがありました。をにいさんにもだしたときがありました。私は竹田の學校でちゃうかいのときにききました。かいこをのいとをかいこをかってしなさいといはれました。

疎開して一年　田中三紗子

私はこちらへ、ゐへがやけて、にいちゃんと、いずもせんせいとこちらへ來たときは、かつためにそかいをしてきたのです。そしてこちらで、さぎゃう、べんきょうをよくして、からだをきたへて、そしてからだをつよくして、びやうきにならないで、つよくなってこの日本をかちぬかふとおもっていましたが、げんしばくだんのためにこんなになったのです。ゐまからはあめりかいぎりすろしやが日本へはいってきて、私したちがつくったものをたべます。だから私くしたちのたべるのがすこししかあたりませんが、がまんをしてこのいばらのみちを、あるかなしかたがありません。でもこれをがんばってかちぬきます。そしてどんなにくるしいことがあってもがんばります。

それをするのには、さんすう、よみかたをよくならいます。

そしてこのごろはだいずがたくさんあるが、まんしゅうからだいずををくってこないからだいずもへります。

そして、私がこっちへきたときはまだたくさんをりましたが、だいぶんにんずがへりました。

そして私がきたときはまださむいじゆぶんでした。から、そとへはまだそないでてあそびませんでした。

疎開して一年　清水　雅弘

クセラマデフキトリニイキマシタ。
シバトリニイキマシタ。
オテラノオバサンニイモ、モライマシタ。
カワイオヨギニイキマシタ。
マスラサンライニマシタ。
ハヤシダキサンモイニマシタ。
シロヤマヱアガテ、シキオシマシタ
ニゲズケイコヨシマシタ。
タケラノガコエシキヨシマシタ。
ツリムラサンカラ
パンヲモライマシタ。
ミナトカオアラテ
オマイリオシマシタ。

学童疎開とは何だったのか？

朴木佳緒留　神戸大学名誉教授

一．学童疎開の始まり

疎開は軍事用語

「疎開」は歩兵の編成方式を示す軍事用語であるが、一九四一（昭和十六）年十一月の防空法改正前後から意味を転じて、戦争遂行のための建物や人員の移動を指すようになった。改正された防空法は空襲被害を拡大させないために建築物の除却、分散の必要を述べ、人員の退去を原則として禁止した。ただし、国民学校初等科児童、七歳未満の者、妊産婦、六十五歳以上の者、傷病者不具廃疾者は退去を禁じられなかった。

一九四二（昭和十七）年四月十八日に東京、名古屋、神戸が奇襲による空爆を受け、疎開推進の意見が強まり、一九四三（昭和十八）年十月には重要都市の工場家屋等と人員の疎開を進める旨が閣議決定された。「帝都重要都市」から「不要人員」を移動させる政策であり、防空活動の「足手まとい」となる上記した国民学校初等科児童等の疎開が勧奨された。「人員の疎開」は避難ではなく、「全国ノ戦闘配備ニ資スルモノ」とされ、一九四四（昭和十九）年四月の北九州八幡製鉄所への空爆の後には施設・資材・人員の疎開が強力に指示された。

学童集団疎開の開始

日本全土への空襲が予想されるようになった一九四三（昭和十八）年、人員疎開の一環として学童の縁故疎開が勧奨された。しかし、縁故疎開は政府の期待通りには進展せず、その打開策として集団による疎開が計画、実施された。学童疎開には①家族の責任で行う「縁故疎開」、②縁故がない子どもを対象として、自治体が主体となり公費を補助する学校単位での「集団疎開」の二種類があったが、いずれの疎開もできない子どもたちや本人や親の意志で疎開しない子どもたちは「残留」と呼ばれた。後述するように集団疎開には親の経費負担と子ども自身の集団生活が可能な程度の健康状態が必要で、この二つの条件を満たすことができない子どもは集団疎開さえできなかった。

国の政策としての学童集団疎開は一九四四（昭和十九）年六月三十日付閣議決定「学童疎開促進要綱」で示されたが、その二カ月前に東京都では集団方式による学童疎開を実施していた。学童の縁故疎開が進展しないため、東京都は急遽、郡部や近県にある養護施設を活用して、集団的教育を行う「疎開学園」を開設し、合宿による「師弟同行行学一帯ノ錬成」を行ったのである。疎開学園の収容児童は初等科三年以上で、縁故疎開ができない子どものうち保護者が入園を申請した子どもとした。携行品は学用品衣服、寝具、食器、身の回り品、園長は国民学校長、一学級一人の国民学校訓導、児童二十または三十人に一人の寮母、一施設に一人の養護婦を措置する等の詳細が決められ、これが後の学童集団疎開の原型となった。

学童集団疎開の目的

学童疎開は防空活動の足手まといをなくすことを目的としていた。東京都の集団方式による疎開学園が始まる前後には、親を説得するために、集団疎開は「将来の戦力資源の温存」「師弟同行による教育効果」「体力、気力を養う」「大切なお子さんを守る親の大愛」などが学校長会議や広報文書において繰り返し述べられた。学童集団疎開は戦時体制の一環としての「学童の戦闘配置、少国民の錬成」であり、今日言うところの「子どもの保護」と同意ではない。そのため、本来的に保護を必要とする病弱児や障害児は集団生活に不適とされ、養護学校自体が集団疎開する場合を除いて、学校単位での学童集団疎開から排除された。以上の目的ゆえに、集団疎開の出発に際しては壮行式が行われ、受け入れ地では歓迎式があり、新聞等は「子どもながらも晴れて戦闘につく」などの戦意高揚を述べた。しかし、計画から実施までの準備期間は短く、夜中の出発やあわただしい出発のため「壮行会なし」の場合もあり、さまざまな出発があったようである。子どもたちについても、勢いよく出発した、遠足気分で出かけた、汽車が出発した途端に泣き出したなど、さまざまな様子が報告されている。

学童集団疎開の対象地域

一九四三年十二月二十二日付「都市疎開実施要綱」（閣議決定）は重要都市として東京都区部、横浜市、川崎市、大阪市、神戸市、尼崎市、名古屋市、門司市、小倉市、戸畑市、若松市、八幡市を指定した。一九四四（昭和十九）年七月二十二日の文部次官通牒により横須賀市が加えられ、計十三都市が「学童集団疎開実施都市」に指定され、四十六万人の集団疎開が計画された。ただし、北九州は空爆による都市破壊のため実際には学童集団疎開は行われなかった。空襲が厳しくなった一九四五（昭和二十）年には、学童集団疎開の対象は中小都市にもおよび、初等科一、二年生も含めるものとなった。

二．学童集団疎開はどのように行われたか

実施主体

政府・軍の方針の下で、各地の行政組織が実施主体となった。集団疎開する側と受け入れ側双方の自治体が具体策を計画し、学校長を通じて実行に移されたが、いずれかの段階で警察も関与した。実際には、疎開する側と受け入れ側の連絡不十分の状況下での見切り発車であったため、疎開先を二転三転せざるを得なかった学校や空襲地域の拡大や米軍の本土上陸予想などのため、疎開先から再疎開する場合も少なからずあった。

学童集団疎開したのは誰か

当初は国民学校三年生から六年生を対象としていたが、一九四五（昭和二十）年三月十日東京大空襲の後に「学童疎開強化要綱」が閣議決定され、東京二十三区、大阪、名古屋及びこれに準ずる区においては初等科一年および二年の児童で、保護者の申し出があり、当該都府県が適当と認めたときは集団疎開させるとされた。いわゆる「根こそぎ疎開」である。

実際には、親は集団疎開のための費用として月あたり十円から二十円の費用負担（自

治体ごと、学校ごとに金額は異なる）が必要であり、こどもが持参する寝具なども用意しなければならなかった。他方、学校は身体検査を実施して集団疎開への参加不可の者を残留させることが求められ、貧困や身体虚弱、精神薄弱を理由として残留する子どももいた。大阪市では、被差別部落の貧しい子どもが多かった学校は集団疎開から学校ごと外された例も報告されている。

疎開先

集団疎開を受け入れる市町村は数千から数百人の子どもたちが寝起きする場を確保しなければならず、受け入れ可能な施設は限られていた。近隣の県市町村が候補地として割り当てられたが、東北や新潟県など遠方への疎開も余儀なくされた。宿泊施設は寺院、旅館が多く、宿泊先が子どもたちの「学寮」となった。寺院の場合は炊事場やトイレ、風呂などを急増しなければならず、にわか作りの外トイレや「風呂なし」もあり、子どもたちは不衛生、不自由な生活を忍ばねばならなかった。

受け入れ施設等は、防空総本部発表の「帝都学童集団疎開実施細目」（一九四四年七月十日）で示され、具体的な宿舎の割り当ては受け入れ県、市町村当局、都、区、学校当局が協議検分して決めるとされている。しかし、受け入れ先が決まらず、学校長が直談判した例も報告されており、実際にはさまざまなケースがあったと思われる。

三．学童集団疎開した子どもたちの生活

学校教育

浅草区済美国民学校の日課は「午前六時起床、洗面、六時十五分　乾布摩擦、六時四十分朝会、七時朝食、七時四十分登校、正午昼食、十四時五十分帰校、十五時二十分おやつ、十五時四十分入浴、十七時三十分夕食、十八時自由時間、自習、通信、二十時就寝、二十時三十分消灯」と記されている。この日課が実行されたかどうか不明であるが、地元の学校での二部制の授業が行われたという例、地元の学校への登校や交流は全くなく、もっぱら学寮に居たという例、体育、音楽、理科実験など特別な施設、用具が必要な授業の時だけ、地元の学校に行ったという証言もある。実際の教育は個別事例によりさまざまであったと思われる。また、戦況悪化に伴い、食料や燃料確保のための作業が増え、ほとんど自習ばかりだったとの証言もあり、同一の学寮でも時期により学習のあり方が変わるなど、実態はさまざまであったと思われる。

生活の様子

「帝都学童集団疎開実施細目」は主要食糧、調味品、燃料などの統制物資は計画配分し、「蔬菜、生鮮魚介類の副食品」は「地元にて調達」するとしていた。疎開の早

い時期には、地元の婦人会や大政翼賛会、篤志家などからの寄贈、地元の学校が定期的に農産物を集めた例や近隣住民による野菜の提供などが報告されている。しかし、疎開先は食材が豊富にある地域ばかりではない。近隣からの寄贈品は期待できず、引率の教師は子どもたちの食料確保に走り回らざるを得なかったとの報告もある。戦況悪化によって配給品は減配となり、近隣からの提供もなくなるなど、疎開した時期によっても事情は異なっていた。子どもたちの日記や後に記された回想録には、ごはん不足、燃料不足に苦しめられた主旨の記述が多い。ひもじくて、お手玉や枕に入っている小豆を食べた、畑の大根をかじった、山菜や薪を取りに行ったという回想は多い。中には「ボス」のような上級生にご飯を差し出したなどの悲痛な例も報告されている。一食の献立はご飯、味噌汁、漬物がほとんどで、おやつはたまにあった程度と思われる。それだけに稀に地元の家庭に招かれる機会があると、殊の外、子どもたちは喜んだようである。

子どもたちの願い

子どもたちは親元を離れた不安とさみしさに加え、食料や燃料の不足、設備不十分、衛生面の不備など劣悪な環境下で情緒不安定に陥り、集団疎開推進のために述べられた「師弟同行、行学一体」の理念は半年もたたないうちに壁にぶつかったという。宿舎からの脱走を試みた子どももいた。親に宛てた手紙は教師の検閲があり、食料を送ってくださいと書くことは厳禁だったとの証言がある他方、手紙の検閲はなかったとの証言もある。「皇国の少国民」の心意気を示す文章は多く残されている。戦争に勝つと家に帰ることができると信じて、戦勝を願ったのである。

四．学童疎開の終了

多くの場合、六年生は中等学校入学のために半年で親元に帰った。その他の学年の子どもは一九四五（昭和二十）年八月から十一月の間に次々に帰郷し、東京の場合は最後の学童がもどったのは一九四六（昭和二十一）年三月とされている。空襲などで家族全員が死亡し、帰る家がない子どもは疎開先に取り残され、教師や自治体職員に引率されてとぼとぼと帰っていったという。ところが、東京市立光明国民学校（肢体不自由養護学校）は一九四四（昭和十九）年七月に「現地疎開」（校地内に防空壕を作りそこを疎開地とした）し、空襲が激しくなった一九四五（昭和二十）年五月に長野県に疎開、原学校は空襲で焼失し、子どもたちは戦争が終わっても帰ることができず、一九四九（昭和二十四）年五月まで疎開先での生活を続けたという。実に四年間も疎開していたのである。

五．まとめにかえて

学童集団疎開は子どもたちを都市から田舎へと半ば強制的に移動させた軍事的措置であった。年端のいかない子どもたちはある時は遠足気分で、ある時は不安とさみしさに打ちひしがれ、それでも戦勝を信じてひもじさに耐え、野草や薪取りの辛さを「体が頑丈になった」と述べる「少国民」ぶりも発揮した。半年から二年、最長では四年間の疎開生活の中で、いじめや喧嘩、疎開先からの脱走などもあった。親たちは心配しながらも、「空襲下の都会にいるよりはまし」と思っていたであろう。子どもたちを受け入れた地域では、食料援助や一時的ホームステイなどで子どもたちを温かく受け入れた反面、場合によっては「厄介者」扱いもした。学童疎開の実状は一言で表すことはできないほど実にさまざまであった。大人になった子どもたちは戦後になって、懐かしさを感じる場合も、思い出すことを忌避する場合もあるようだ。そのいずれもが「当該者にとっての事実」であると思われる。本稿では沖縄の学童疎開についてふれることができなかったが、忘れてはならない事実は未だ多いはずである。

注）本項は煩瑣を避けるため、出典を逐一示さなかったが、全国疎開学童連絡協議会編『学童疎開の記録』全五巻（大空社、一九九四．七）を典拠としている。

学童疎開の思い出

木戸　戸治　元須佐国民学校教員

昭和四十九年九月一日付で兵庫県学校厚生会が発行した『郷土の空襲―戦争中の人びとのくらし―神戸編』に「学童疎開の思い出」として須佐国民学校の疎開を引率した木戸戸治先生の文章が所収されていますので参考までに紹介しておきます。

ホームシックに泣く子

神戸市須佐国民學校に勤めていた私は、昭和一九年八月から二十年十月末まで一年三カ月間、但馬の竹田町（現在の朝来郡和田山町竹田）の寺へ、約二百名の子どもたちをつれて集団疎開しました。お世話になったのは、法樹寺、勝賢寺、観音寺、妙泉寺の四つの寺で、そこへ分宿したのです。

はじめのころはまだ爆弾も少なく、戦争中としては割合生活もゆったりとしていましたが、二十年の春以降、爆撃が激しくなるにつれてだんだん苦しくなり、終戦まぎわにはまことにみじめなものでした。

疎開して一週間ほどはお客様あつかいでもあり、ものめずらしさも手伝って、楽しい日々を過ごしました。

だが一週間余りたつと、そろそろ家が恋しくなり、夕方になると、神戸の方を向いてしょんぼりとしている子どもがふえ、十日もたつとしくしく泣きだすものも出てきました。

ついには夕方になると全員がワーワー泣きわめくというありさま、私たち先生や寮母は、どうやってなぐさめ力づけるか、いろいろとちえをしぼって考えました。

夜、子どもたちといっしょに演芸会をしたり、あるときは、夕食後うす暗くなり出した村の鎮守の森へ連れていって、いろいろ言ってきかせたりしましたが、あまりききめはありませんでした。でも二カ月ほどすると集団生活にもなれ、あきらめもついて、落ち着きが出てきました。

苦しかった食生活

大きく広びろとしたお寺の本堂にね起きするので、住の方はあまり心配はありませんでしたが、着る物が不自由である上に、秋も中ごろになると天気の悪い日が多く、洗濯物がなかなかかわかない。特に雪が降りだすと、ほとんどがかわかないのには困りました。そのため、どうしても同じ物を長く着ているので、シラミがわいて、ついには座敷をはくと、ちり取りにたくさんシラミがたまるという状態でした。それで土地の銭湯に子どもを連れていくと、きらわれたものです。

でも、まだこんなことはいい方で、終戦のころには食べ物にほんとうに困りはてました。疎開したころは、子ども一人あたり一日三合三勺（四六二グラム）の割でお米の配給があり、副食も土地の農家の方々が、疎開児童のためによろこんで供出してくださったので、わりあい豊かな食事ができました。

それが戦争がはげしくなり、本土の各地が爆撃されるにつれ、物資の不足がきびしく、ついに米の配給もほとんどなくなりました。個人ならば闇の買出しもできるのですが、疎開児童を大勢かかえた私どもにはそれはできません。ただ政府の配給だけです。それに副食の野菜なども、疎開地の農家の方々でも、自分たちの食べ物が少なくなってくるのですから、はじめのようにたくさん供出してくださるわけはありません。主食も副食もだんだん手に入るのが少なくなりました。

もちろん、じっとそれのみに頼っていたわけではありません、お寺の空き地という空き地は、ほりかえして大豆やかぼちゃをつくりました。また、田植えのすんだ稲田にはいって「たにし」をとってきて、蛋白質の補給もしました。山へは何回も「わらびとり」に行きました。

そのほか、この草は食べられると教えてくださったものは、つんできて副食にもしました。さつまいものとれるころには、畑にすててある茎や葉をもらってきて（いもはもらえませんので）いろいろ料理をくふうして、食膳にのせ空腹をみたしました。

　でも。何といっても主食の米の配給がほとんどなく、雑炊をすることのできる日はよい方で、じゃがいものとれるころには、じゃがいもが主食になり。また、大豆を湯のみ茶わん一杯という時もだんだんふえてきました。終わりごろには豆粕（大豆から油をしぼりとったかすで、牛馬の飼料か、田の肥料にしていたもの）の配給をうけました。これはとても食べられるものではありません。

　こうなってくると、子どもたちは日増しに衰えてくるし、栄養失調になり、手足は細く下腹のみプクッとふくれ、下痢のとまらない子がふえてきました。もちろん私たち先生や寮母も例外ではありません。まことに悲惨というほかない食生活でした。

重労働

　子どもたちにとって、農家へ供出の野菜をもらいに行くのは楽しい方でした。しかし、毎日つかう薪は山まで行かねばなりません。それもはじめは近い山でしたが、だんだん近くの山で売ってくれるところが少なくなり、ついには片道五～六キロメートルの山まで行くようになりました。それを午前中に一回、午後また一回と、一日二十キロメートル以上も歩くこともめずらしくはありませんでした。

買った薪（長さ一メートルくらい）をそれぞれの体力に応じて太いのや細いのを一、二本ずつかついで、ありの行列のようにお寺まで帰るのです。力の強い子がはじめはよくばって五、六本も持ったのだが、だんだん疲れるにしたがい重さが身にしみてきます。それを歯をくいしばってかついで帰るつらさ。中にはがんばりきれず、一、二本道ばたへ捨てる子もあります。その分は先生が拾って持つことになり、先生はお寺につくころには、一ぱい背負って油汗が出てくるほどでした。

また、米の配給を配給所までもらいに行くのも、雪のころには大へんでした。子どもたちの中で力の強そうなのが、十五キロくらい入った米袋をかついでお寺まで帰るのです。足もとはすべってあぶないし、持ち重りがしてくるし、ほんとうに重労働でした。でも、こうした重労働のおかげで、みんな力持ちになるし、十五キロメートルや二十キロメートルの道を歩いても平気でした。

楽しい想い出

こんな暗い苦しい思い出の方が多かったのですが、中には楽しいこともありました。十九年の秋祭りと、二十年のお正月に、疎開児童たちが二～三人ずつに分かれて土地の家へ招かれてたらふくごちそうをよばれ、みやげまでもらって、うれしそうに帰ってきたことは忘れられません。

また、お寺の裏山に竹田城のあとがあります。疎開した当時は登るのに四十分ほどもかかっていましたが、秋も深まり朝ぎりが立ちこめるころになると、早い子は十分間余りでかけ登ってしまうようになりました。それこそ、親の面會でした。朝飯前に朝ぎりをついて頂上の城あとに立つと、谷間に立ちこめた白い霧がちょうど雲海のように遠くまで続き、そのはるか向こうの山の端からのぼる、朝日に照らされた美しさはなんともいえません。この印象は子どもたちの脳裏に強く焼きつけられたことでしょう。

また。腰のあたりまでも降りつもった雪の中をかけまわり、雪合戦に時のたつのを忘れたことも、雪のほとんど降らない神戸っ子には忘れがたいことでした。

わけても子どもたちが一番のたのしみ、首を長くして待ちわびたのは、親の面会でした。

久しぶりに子どもに会える親が、食うものも食わずに作ったかずかずのおやつや、ごちそうをぶらさげて寺の山門に姿をあらわすと、子どもは親にとびつき、しばしは物もいえないありさま。それから寺の一室をかしてもらって、親子水いらずの、楽しい会食やかたらいに時のたつのも忘れます。

その夜は何月ぶりかで、親子同じふとんで、ね物語りをしながら明かした思い出は、子どもにとっては、いついつまでも胸に焼きついていることでしょう。

たの子どもにとっても、おやつはおすそわけがいただけるので、やっぱり楽しみにしていました。それだけに、親が帰るときのさびしさと、つらい思いはひとしおだったことでしょう。

おわりに

でもやっぱり苦しかったことの方がはるかに多く、そのたびに戦地の兵隊さんのことを思ってがまんしました。三年生以上だったので、勉強は雨や雪で作業のできない日、四つの寺に学年毎に別れてしました。

竹田国民学校を借りて勉強したこともありました。こうして苦しみにたえて、「欲しがりません勝つまでは」とがんばりつづけたのです。

それだけに、八月十五日、敗戦と知った時の気持ちは、たとえようもありませんでした。一ぺんに力がぬけてしまい、子どもたちといっしょに泣いて、夕食ものどに通らなかったくらいです。

この疎開生活は、子どもたちの長い一生に、何かプラスする面もあったと思います。しかし、こんなみじめな生活を、子どもたちに再びさせないためにも、けっして戦争を始めてはならないと、私はつくづく思うのです。

七十七年前の作文に出合って

淡路信子　文集執筆者

「この写真に私が写っているはずですが」

二〇二一（令和三）年十二月十一日、九日付けの「神戸新聞」に掲載された第四十四回兵庫の「語りつごう戦争展」の紹介記事を見て「これは見に行かな」と思って展覧会に行きました。会場がお寺だとされていたので神戸駅からタクシーに乗りましたがお寺らしいものが見つかりません。やっと見つかりました。新開地駅のすぐ南側にありました。なんと五階建てのビルでした。

展示会場に入り私が写っているはずの集団疎開中の写真の前で、持ってきた当時の写真と見比べながら私を探していると突然、「なにかお探しですか？」と声を掛けられました。

「この写真に私が写っているはずですが」

「おわかりですか？」

「わかりません」

淡路信子さんが写っている法樹寺庭園の集合写真

「この写真に写っておられるならひょっとしてこの作文集にあなたの書かれた作文があるかもしれません。お名前は」と聞かれ、「淡路信子です」と答えました。

係の人だと思われるその人は展示してある作文集を手に取り、「確かあったような気がするなー」とつぶやきながらぱらぱらとページをめくられ、「ありました！　これですね！」と示されました。薄いえんぴつ書きの作文をみせられました。

「そうです！」と答えると、「コピーして来ましょう」といわれ、すぐにコピーを持って戻ってこられました。

十歳の子どもが何を思っていたのか

第四十四回の展示となり、またたくさん見学に来られ、「戦争する国」から「戦争をしない国」へみなさまそれぞれ感慨深いものがあったと思います。

七十七年前の私に出会っての作文、戦争は終わったとはいえ、家も丸焼けになり、十歳年上の兄も出征していて、十歳の子どもが何を思っていたのでしょうか。「勝つまではがんばりましょう」。疎開先のお寺で先生に言われて書いたのでしょうか。長かったですね。

数年前、新聞に城山にのぼって大変うれしかったという方の記事を見て、私の城山登山はそんなんじゃなかったと、集団疎開中の苦い登山体験を新聞に投稿しました。記事を紹介します。

「しんどかった思い出『念願の竹田城（朝来）にのぼる』」。私は十歳のとき、麓に四つある寺の一番北の法樹寺に兵庫区の小学校から集団疎開していました。そして運動のためによく竹田城跡まで登らされていたんです。おやつなどなく、お白湯に塩をひとつまみ入れたのをもって登りましたわ。お寺で親切にしてもらったけど、戦時だし死なない程度に食べさせてもらって、とにかく空腹、登ってもしんどいばっかりで景色など覚えてないです。世代で感じるところがいろいろだなあ（明石、主婦、

七十八)」(二〇一三年九月三十日神戸新聞夕刊)。

「戦争に勝つために」と思って応募

集団疎開についての思いはありました。

私は一九三五(昭和十)年生まれで国民学校三年生の十二月集団疎開へ応募しました。女兄弟もおらず、友達もいなくなって、さびしかったからです。疎開生活が楽しそうな話を聞いて、楽しいだろうと思って第二団に応募しました。「戦争に勝つために」と思っていたから賛成したし、悲壮感などありませんでした。出発式もありませんでした。

荷物は布団と行李一個でした。

食事は豆ごはん(白ごはん)に実のない味噌汁と沢庵とか白菜漬けで、空腹でした。おじゃみをつぶして中の小豆を焼いて食べたり、干してあるもののゴザのそとに落ちているものをたべたりしました。ごはんは先生といっしょではありませんでした。

配膳は寮母さんがしてくれてごはんの多そうなのはどれかなと目を光らしていました。洗濯は自分たちでしました。お寺の前の小川であらっていました。風呂は疎開していた間に二回はいったことを覚えています。一回はお風呂屋さんで、一回はお寺のお風呂に数人一緒に入った記憶があります。お風呂にはこの二回しか入った覚えがありません。シラミもあったようですがあまり記憶にありません。

トイレは法樹寺にはたくさんありました。ただトイレが一度庭に出て風呂のそばの所にあるので、夜中に雨がしんしんと降っている時や特に雪の夜などトイレに行くのは寒くて大変でした。寝る時は浴衣のようなものに着替えて寝ていました。消灯は九時、起床は七時でした。

勉強は長机に座ってしましたが、あまり勉強した覚えがありません。学校へは行きませんでした。朝ごはん食べた後、どう生活していたのかあまり記憶していません。あそびはおじゃみとかかるたなど室内が多かったように思います。チフスにかかった生徒が一人いましたが治りました。

手紙を出す時、先生から切手代をもらって買いにいったりしていました。手紙は先生に一度見せてから出すようになっていました。山へ行って芝を背負って帰っていた時に白衣兵が一人でぶらぶらしていたのを見たことがあります。

お寺の境内に集まりなさいということで集まって八月十五日のお昼の放送を聞きました。お腹がいっぱいに食べられると思いました。またこれで帰れるなとも思いました。

この平和が続きますように

アメリカ兵が通りかかった時「give me chocolate」と言ってチョコレートをもらっ

たことがあります。

お寺の庭の写真は十月ごろに撮ったと思います。帰る時はうれしかったです。三ノ宮に着いた時はもう暗くなっていて、学校へは戻らず、家も空襲で無くなっていたので、新しい灘区の水道筋の南の通りへ出迎えの親と一緒に帰りました。家が空襲で焼けたことはどうして知らされたのか記憶していませんが、話を聞いたような覚えがないので手紙か、先生からかとは思いますが、家が焼けて悲しいとは思っていませんでした。十歳上の兄は私が疎開に行っている間に出征しました。送りにいけませんでした。

七十七年前、国民学校四年生で戦争が終わった二週間後の九月一日にお寺で書いた作文。思いがけず見つけられた作文、戦争展で「戦争体験」を話すよう言われた中で思い出すままの疎開生活の様子です。

この先、これからずっとこの平和が続きますように。早く戦争中のウクライナに平和が訪れますように。

父が残した疎開児童の作文集を読んで

木戸　久裕　山の上の小さな地域博物館長

「あの本は捨てられるんやろうな」　父の一言

二〇〇一（平成十三）年六月十二日、父は東加古川市民病院で亡くなりました。「あの本は捨てられるんやろうな。まかせる」と一言残しました。アルバム等雑多な遺品の中に新聞紙に包まれた疎開関係の書類がありました。

関係者に返したいと中野照雄さんに相談しました。「それ、私の学校や。丁度校内に平和資料室を作りはじめたとこや」と聞きお預けしました。それから十数年。突然、「本にしたい」との連絡をいただきました。読みづらかった原本を、活字化していただき初めて作文を読みました。

敗戦半月後の子どもたちと、二〇二二（令和四）年、ウクライナ戦争を始めたロシア大統領支持率八〇パーセントの現実が重なりました。新たな軍拡が始まっている今日、敗戦十五日後の児童が書いた文集を発刊することになる不思議な縁を感じます。

「だまされるなよ　本当のことを見抜く目を」

すこし私のことを書きます。一九四九（昭和二十四）年生まれです。

ある会合でキドトジと父の名前を言ったところ、「へえ、そしたら、あんたがあの失敗作」「大声で『出来てしもた！』言うたんやで」。父は計画出産（三年ごとに三人、三〇で出産を終える）を考えていました。私は四人兄弟の末っ子。計画失敗作です。父の職場はなんでもしゃべってしまう暖かい職場だったのでしょう。

自宅で父はあまりしゃべりませんでした。ただ「本を読め」とは言われました。また、鉄砲が欲しい私に「武器はだめ」とはっきり言いました。

小学校演劇クラブの先生から、「だまされるなよ、教科書や教師だって信用しきってはいけない。本当のことを見抜く目を身につけなさい」と教えられました。

中学校時代、全員の意見を大切にする自治活動や会議の進め方を教えてもらいました。高校の新入生歓迎会、担任が被爆体験を話してくださった。「いつ発病するかもわからないから三年の担任はできない」。貴重な生の声でした。

二十代、韓国の田舎町でけんか腰に声をかけられました。「俺は普通に日本語をしゃべる。なぜかわかるか？」。「日本もひどいことしました」と謝りました。「あんたに責任があるのではない政府が悪い」。けんか腰が消えました。

三十代初め、シンガポール。町の中央に建つ白亜の塔（日本軍による虐殺の慰霊塔）

を「あれは何？」と質問した私をガイドは偽ブランド店に案内しました。

三十代半ば、台北の書店で日本語通訳用学習教本を買いました。〈腹立つ客を困らせる方法〉〈まがい物を買わせる〉と書いてありました。

四十代後半、ドイツ・ミュンヘンで父が肺炎になり入院しました。重症病室の隣ベッドは巨大な生命維持装置をつけたお年寄りの傷痍軍人でした。「第二次大戦の兵隊さん。大切にしないとね」。看護師の言葉でした。また、新聞を読んでいた通訳さんたち、「戦後賠償、やりすぎやわ」「それがドイツよ」。加害を徹底的に償っていました。

五十代後半、リビア、トリポリの市場で出会った女店員さんは日本語ぺらぺらでした。国費で東京留学していました。政府は女性の社会進出を進めたいのですが長老が許さないのです。欧米が欲しがっている豊かな石油権益で教育医療食料費は無料でした。治安が良いので近隣諸国からの出稼ぎが多かったです。路地裏で英語で会話した子どもたちに平和が似合っていました。カダフィが殺され内乱状態が続いています。彼女らはどうなったのか。アラブの春・民主主義革命報道に違和感を覚えています。

文集は残されました

退職直後に連れ合いを亡くした父は、寂しさを紛らわせるための南米旅行でマヤ文明に触れ、侵略者の非道、被害者の悲劇を見てきました。記録をスライドにして地域で話していました。その後も旅行しては話していました。

父は敗戦直後の九月一日、児童に思いを書かせそれを疎開中の書類とともに保管していました。そして死ぬ前に一言。「捨てられるんやろうな」と言い残しました。竹田城が見えたら必ず「疎開中、お寺にお世話になった」と話す父でした。資料を見つけた私は遺族への返却を考えました。相談した相手が須佐国民学校を引き継ぐ明親小学校に勤務していた中野照雄さん。開設された平和資料室に保管されました。

それから二十余年。中野さんが文集を平和展のため上野祐一良さんに見せました。文集を読まれた上野さんが公にしようと私に連絡くださいました。偶然の連続でよく残ってきたものです。世の中には捨てられ消えていった記録も多いはずです。

本当のことを知る努力

二〇年以上前詐欺商法で危険な宗教団体としてオーム真理教より有名だった統一教会は名前を変えて存続していました。元首相銃撃事件があるまで全く知りませんでした。与党に協力していた団体について都合の悪い報道は忖度によって極めて少なかったのです。本当に大切な報道がされていません。

二〇二四年度使用教科書展示会に行ってきました。教科内容は全国学力テストによって実質統制されています。道徳においては学習指導要領に合うようチェックリストがついていました。受験体制に勝ち抜くために教科書から逸脱することは許されなくなっています。学問の自由も学術会議会員任命問題に見られるように時の政権の介入が強化されています。

本当のことを知るには努力が必要です。私は二〇一二年、父の資料や、地域の少年団活動の記録写真を基に私設博物館を開館しました。日曜日の午後しか開館しないちっぽけな博物館です。おかげで多くの人と出会え、知見が増えました。

今回編集会議の中で一九三七（昭和十二）年神戸・加古川に綴り方指導教育があったことを知りました。その中心であった長田区の倉岡愛穂（よしお）先生が一〇六日間拘留、警察署内で絞殺されていました。姫路師範で自由な教育に触れ、綴り方教育にも熱意を持っていた父にとっては衝撃であったでしょう。高砂中学校同僚の教職員組合活動家を「あいつはえらいやっちゃ」と評していたことを思い出しました。「日本はアメリカに占領されていること忘れるな」とよく警告されました。

戦後加古川市に全国でもまれな民主的な青年団活動が育ち演劇が盛んであったのは戦前とつながりがあったとわかりました。当館の展示の中心になる全国的にもまれな団員中心の少年団発足の謎が見え始めてきました。

「全ての人が幸せになるのが本物」

明治維新政府は政権基盤維持のため琉球処分から始まり征韓論から台湾出兵と海外侵略政策を推し進めました。また、江戸幕府批判と天皇制強化のため教育統制を強め歴史を改ざんしました。軍人勅諭や教育勅語。明治大正昭和と積み重ねられてきた政策は国民のなかに浸透してきていました。

鬼畜米英に復讐すると言いきった子ども達の姿はその反映です。おそらくその後精神的に大混乱に陥ったことだろうと思います。心の戦後は終わったのでしょうか。

私の意識にも戦前の後遺症が残っていました。江戸時代鎖国で海外と交流がなかったと覚えてきました。本当は、朝鮮・琉球使節団の来日に見られるように近隣諸国との関係はそれなりに良好でした。外交で平和を保っていたのです。

本当の姿を見つける努力を続けたいと思っています。父の口癖、本物の見分け方。「自分たちだけが幸せになる教えは偽物。全ての人が幸せになる教えが本物」。

最後に父の教え子のみなさま、朝来のみなさま、世に出すために努力していただきましたみなさま、この文集を手に取っていただきましたあなたに感謝いたします。

ありがとうございます。

体験文集発行、おめでとうございます

南田 伸治　元明親小学校ＰＴＡ会長

このたびは須佐国民学校（現明親小学校）の子どもたちの集団疎開の体験文集発行、おめでとうございます。

戦後七十八年、その記録を編集し公開できるように尽力されました諸氏に敬意を表します。

資料室の開設がきっかけに

昨年創立一五〇年を迎えた明親小学校ですが、今から思い起こせば二十年前、私がＰＴＡの副会長時代に創立一三〇周年の記念式典の行事をＰＴＡとして何ができるのだろうかと考えている過程で、中野照雄先生、永原南海子校長から資料室開設のお話をいただきました。空き教室を利用して校長室に保管されていた歴代の資料を展示するための白布を準備し、昔の兵庫の地図を大倉山図書館でコピー拡大しパウチして、街の移り変わりが分かるように掲示し、様々な文献がどの時代に合致しているか一目で確認できるようにしました。

歴史ある重要な資料やアルバム等を展示、また地域の方々が持ち寄ってくださった昔の道具や電気製品も展示し資料室が完成しました。

そしてその資料室の存在を耳にした木戸戸治先生（当時子どもを引率されていた）のご子息から、大事に継承されてきた疎開児童の作文を紹介され、それがこのたび日の目を見ることになりました。

大変嬉しく思うとともに、その当時の子どもたちの一年間、親と離れて生活する不安、それがだんだん楽しさに変わっていく気持ちの変化、祖国を守る強い決意、敗戦の虚しさ、悔しさが赤裸々に語られていました。

地政学的リスクが高まっている現在、戦争の愚かさを強く訴えていかなければいけない情勢の中で、このような作文にめぐり逢えたことを奇跡のように思います。

郷土史の案内係として

また私事で恐縮ですが、資料室を作っていく過程で私の母の卒業アルバムの存在を知り、須佐尋常小学校時代の母の姿を目にしました。あどけない面影が残り、すぐ母だとわかりました。戦災に遭った我が家にはなかったアルバムだったので、その歴史に感動です。私にとって郷土の歴史に興味を持ったのは母の影響が大きかったからです。小さいころからよく昔の話を聞かされたものです。

そうしていく中で平成五年、兵庫運河キャナルプロムナードが完成し、区役所の方から地元の歴史の案内係を務めてくれないかとお話がありました。それが公に郷土の歴史に関わるきっかけでしたが、その土台には子どもの頃から昔の話を聞かされていたこともあり、係の仕事に自然に入っていくことができました。資料をむさぼり読み、地元の長老にもいろいろと聞きながら知識の肉付けを行っていきました。先日も神戸空襲の三月十七日の記憶を詳細に覚えていらっしゃる地域の方にお話を伺うことができました。貴重な記憶であり情報です。

今回思いがけず貴重な資料に出合い、なお一層その時代に思いを馳せることができました。ありがとうございました。

体験文集発行、おめでとうございます

作文を読んだ人たちに聞いてみました

中野照雄　元明親小学校教員

本書を出版する前に、子どもたちの文集を読んだみなさんはどんな受け止めをするのか、簡単なアンケートをとってみました。『疎開生活壱ヶ年のあしあと』を、少し読み易くしたものを事務局で手分けして渡し、次のようなことをお願いしました。①読んで心に残った作文五つと、選んだ理由を教えてください。②作文を読んで感じたこと、疑問に思ったことなどを教えてください。この二つを書いてもらいました。アンケート数は二十三人です。内訳は、中学生（中）九人、高校生（高）六人、大人（大）八人（内訳：大学生一・四十代一・五十代三・六十代一・七十代二）です。中学生は（中）、高校生は（高）、大人は（大）とし、その内大学生は（大学生）と表記します。

一．注目した（心に残った）作文

注目した作文は、五十一名中、三十五名について書かれていました。どの作文に何人が注目したのでしょうか。一．大西十美子（九人）、二．辻村詩子（八人）、三．中谷寛果（七人）、四．芝田和夫・山下冨士子・太田秀昭（各五人）、七．田中雅雄・越智美世子・酒井智恵子（各四人）、十．荒川志壽子・池永満千代・荒尾聡子・鎌田良子・坂東浩子（各三人）…の順でした。四番目の山下冨二子さんまでは、中学・高校・大人まで全年代が注目しています。

二．注目した作文の内容

○大西十美子さんについて　「疎開生活で親元を離れ母のありがたさを知る様子等が記されているのですが、〃ニューヨークやワシントンを爆撃する日を楽しみにがんばります〃の言葉で胸が苦しくなります」（大）。この言葉についてがほとんどで「悲しい決心をしているのを疑問に思いました。」（中）。「…もっともっといい爆弾を発見しとあるが…命の尊さがこの時代には欠けていることがわかった」（高）。「…あまり意味が分からなくて印象に残りました」（高）。「…小学生がおもう言葉とは思えず驚いた」（大）。「女の子の強い決意と疎開の悲しみがあった」（大）。

○辻村詩子さんについて　「日本が戦争に負けたことに自分にも責任を感じていて、とても責任感が強い方だと感じました」（高）。「…降伏後の無念さを自分が苦労することによって前へ進もうという気持ちが、控えめな文章だからこそ、とても強く感じた」（大）。「〃私たちの責任をひしひしと感じている〃という言葉から、戦争に負けた責任を子どもが感じている」（大）。「この人は戦争に勝って普通の生活をと書かれていることが、今の僕たちの戦争反対とは違う意見なんだなと思った」（中）。

○中谷寛果君について　「最後の米英を倒して日本を立ち上げるという強い言葉が印象的だった」（大学生）。「落胆の様子や米英に対する憎悪が露骨に書かれていて印象に残りました」（大）。「後半の米英に対するにくしみがすごく強いと思ったからです」（高）。「米英のうらみがとても強く感じた」（中）。

○芝田和夫君について　「戦争に負けた後の決心が悲しい〝…体を強くし、勉強をよくして米英をやっつけて、日本をもう一度栄えるようにして南の国の人々をよくして大和魂をつくります〟」（大）。「本文中に南の国々の人々をよくして大和魂をつくりますとあるが、子どもにも帝国主義が定着してしまっていると思った」（高）。「日本はアメリカに負けたから日本を強くして強いアメリカを打倒しようとする強い気持ちに驚いた」（中）。

○山下冨二子さんについて　「大きくなったら日本もころっと変わっていると書いているところに、今の日本の状況が嫌いで変わってほしい願いがあるんじゃないかなと思ったからです」（中）。「疎開は…自分の身を守るというより…戦争に勝つためのほうが強かったのかなと感じました」（中）。「天皇陛下に対する心？尊敬？が感じられる」（高）。

○酒井智恵子さんについて　「何事も力を入れて懸命にするのが大切と思い、辛い疎開生活の中でも感謝の気持ちにかえています。何事も人に頼らず、自分でしなければならないと思っていると感じました」（中）。「苦しいことも何事も耐え忍び、自分は幸せだと自身に言い聞かせて過ごしていると思いました。また、そのような教えだったのだと感じました…」（大）。「〝集団生活は、こんなにたのしいのである〟という言葉が逆に悲しさ・さびしさの裏返しのように感じた」（大）。

○池永満千代さんについて　「自分より天皇陛下を大切?先に考えている。」（高）。「自分たちより天皇が苦しい思いをしていると、子どもなのに天皇のことを心配している言葉が強く心に残った」（大）。「…いつまでもがんばるけっしんですとかいているところに、すごいなとひかれたからです」（中）。

○大橋潤子（二人）さんについて　「…日本が負けてしまったら〝がんばろうと思う気にもなれない〟と思うのが当然だろうなと共感した」（大学生）。「…お父さんお母さんが亡くなってしまった人もいてかわいそうだと思ったから」（中）。

○粟木原剛（一人）君について　「子どもらしい文だと思った」（大）。

それぞれに、注目した作文を選んでくれていました。共通しているのは、敗戦二週間後の九月一日でも「米英をやっつけ、勝つまでがんばる」という国策に沿う、健気（けなげ）な子どもたちの姿に、一定の不安や疑問、共感も交えたものがほとんどでした。

次は、作文を読んで感じたことや疑問に思ったことです。

集団疎開の捉え方が以前と変わったり、力強い言葉が多く使われていることに気づいたり、戦争と天皇と大和魂のことなどが書かれていることについてアンケートでは以下の回答がありました。

三．集団疎開についてはどんな受け止めをしたのでしょう

・疎開生活はひたすら辛くしんどいものだとばかり思っていましたが、予想以上に「楽しい」「嬉しい」といった言葉が多く驚きました。およばれに行ったり、お菓子をもらったりという記述があり、子どもたちが辛くならないように周りの大人が工夫していたのかなと思いました。でもやっぱり「さみしい」「辛い」という言葉のほうが多く、特に自分の疎開している間に家族が亡くなってしまうのは本当に辛いと思います。それでも作文の最後には「日本が勝つためにがんばる。」と書く子どもたちの健気さに胸が痛くなりました（大学生）。
・戦中、疎開先は楽しくないものと思い込んでいましたが、そんなことはなくておどろきました。（中）。
・疎開はかなりしんどくて大変っていうイメージしかなかったけど、その一面もあ

るけど楽しかったこともたくさんあったということを知りました（高）。
・みんな、たきぎを取りに行って、最初はとてもしんどかったが、もう慣れて、今では前よりも多く運べると書いてありました。子どもたちはこれが仕事だったんだと思いました（高）。
・体が丈夫になったという旨の内容が多くみられ、自然との暮らしの良さが感じられます（大）。
・子どもたちが辛いことも悲しいことも、感謝したり疎開のおかげと前向きにとらえ、たくましく生きていた事が印象的でした（中）。
・人によって疎開が始まる日が違っていて、期間も違うのはなぜなのか（中）。
・親元を一年も離れた疎開生活では、子どもにとって実際に記されていないつらいことがあったかもしれません。そのような中、読む前の想像と違ったのは、お正月やお祭り、雪だるま、川遊び等、楽しかった思い出が多く綴られていたことです（大）。
・疎開への不安と食事に心配のない安心感、校外活動や食料調達の苦しさと楽しさ、体が丈夫になる嬉しさがよく表われている。周りの大人の親切心がよく分かっているようですね（大）。

四．力強い文章が多いことについてどう思ったのでしょう

・つらい生活を送っているはずなのに、誰も弱音をはかずに、敵への復讐を誓う人が多くて、子どもっぽくないと思いました（高）。

・自分たちが空襲や疎開などの苦しい思いをさせられていたのに、なぜそこまで日本を軍事的に強くしたいのだろうと疑問に思った（高）。

・多くの方が、作業にだんだん慣れて身体が丈夫になったこと、そうなることが日本のためという気持ちが強いことに驚きました。親元を離れて生活するには幼い子どもたちなのに弱音の部分より力強い文章が多いのは、「非国民」的な思いが根底にあり、本当の心情を書いてないのか、それともこの時期の子ども達にとっては普通のことだったのか疑問に思いました。それでも大橋潤子さんの文のように「がんばる気になれない」というような子どもらしい素直な文章もあり、こういう文を書くことがタブーだったというわけではなさそうで安心しました（大）。

・現代と異なると感じたのは、度々出てくる「にくき米英」という言葉や「負けてもなお大和魂を無くさず仇を打つ」という気持ちを表す文章が見られたことです。全体を通して読み返すと「もしかしたら本当の気持ちを書けていないのかもしれない」と思ったり、「これはこの子の本当の素直な気持ちだな」と感じたり、様々な言葉が素直に受け止めていいものかと、何度も何度も気持ちが交差しました。…今もなお世

界では戦争が続いています。今後、このような子どもをつくってはならない。世界から戦争がなくなるよう、一人ひとりの気持ちや行動が大切だと感じます（大）。

五．戦争・天皇・大和魂など、子どもたちの記述をどう思ったのでしょう

・負けたことに対して悔しさや、米英に対し嫌悪感を抱いている子が多いと思いました。自分がかたきを討つんだという意思が全員強いなあと思いました（高）。

・大和魂とは何だろうと思いました。やっつけるや、にくいなどの言葉が多くありました。戦争が終わったらもっと喜んでいいと思います（中）。

・戦争に負けても今度は自分たちで戦って勝とうという気持ちがあることです。こんな苦しい時代の中、皆前向きに希望をもって生きていてとてもすごいと思いました（高）。

・みんな日本が先に宣戦布告せず、真珠湾に攻めたことを知らなかったのかなと思いました。今の人たちは、戦争は二度としないとなっているが、昔の人たちはなぜ原爆を強くしてとか戦争してやり返すみたいな思考になっているのか（中）。

・親を思う文章と米英を憎んでかたきを討つとの文章が一緒に書かれていました。今とは時代がちがうけど敵だった国にも同じように大切な家族がいることを教えてあげたいと思いました。僕は必ず覚えています。今、ロシアとウクライナは戦争しており、

連日ニュースで見ない日はありません。早くこの世から戦争がなくなってほしいです（中）。

・～たくさんの人が死んでまで戦争をなぜするのか自分にはわかりません。いろいろな人が死んで誰がよろこぶのか。話し合いをして解決しないのか、わかりあえなかったのかと思いました。おおばあちゃんも戦争は怖かったと言っています。何年たってもこの傷は治らない。今のウクライナとロシアもちゃんと話し合い現実をちゃんとみてほしい（中）。

・～孫の代まで戦う、もっと強く体をきたえて向かっていこうとする文や、「にくき米英」「いばらの道」という言葉の多いのも、これが本当の子どもの作文だろうかと思いました（大）。

・大和魂や和心、大和民族、大和心という言葉が強く印象に残った。子どもたちはどのような意味か分かっていたのだろうか。当時の愛国心教育をはじめ、改めて、教育は人（子ども）の価値観、人生観などに強く影響するのだと作文から実感した（大）。

アンケートをお願いした時点では、文集はまだ昔の漢字のままでルビもなく、大変読みづらかったことと思います。にもかかわらず、よく読み込みアンケートに応えていただきありがとうございました。同時に学童集団疎開を語り継ぐ素敵なランナーにもなっていただいたことに感謝申し上げます。本書が末永く多くの方々に読まれることを願っています。

須佐国民学校（現・神戸市立明親小学校）の集団疎開

上野祐一良　兵庫の「語りつごう戦争」展の会代表

はじめに

二〇二一年「第四十四回兵庫の『語りつごう戦争』展」は、「子どもたちと戦争」というテーマで展示を企画しました。

子どもたちが「戦争」というものを自分たちの体で直接体験したことは、「学童集団疎開」ではないかということでこれを中心にして展示することにしました。しかし、兵庫の「語りつごう戦争」展に市民のみなさんから寄贈、あるいは預託されている資料には集団疎開に関する資料は疎開中の写真二点だけしかありません。展示資料を探してこなければ展示会を開催できません。

資料を求めて

幸い、二〇一八年から福祉施設「きらくえん」の依頼を受け「きらくえん」にお世話になっている方々の戦時中の体験を聞き取りをしていました。その中のお一人から集団疎開に行った寺院をお聞きしていたので、そのお寺を一度訪問しようと、お寺の名前、住所、電話番号等を調べ、とりあえず連絡を取りました。その結果、快く受けていただき聞き取り活動をしていた大木久さん、山内英正さん、上野祐一良のメンバーでお寺を訪問しました。するとなんとその寺院には集団疎開を引率された先生の当時の日記ならびに先生が書かれた詩画集、疎開中の写真、その他が先生の遺族から寄託されて保存されていました（別途これらの資料は「子どもたちと戦争」と題して出版しました）。

観音寺の疎開児童たち

この資料で戦争展の展示の目途が立ちました。また、これに元気づけられ保存されている写真二枚の集団疎開先岡山県の誕生寺も訪問しました。

疎開中に書かれた作文集を持ってこられた

さらに資料が無いかと思いつき、明親小学校が資料室を作られたことを思い出し、資料室が作られた当時在籍されていた先生に問うと、「そういえば集団疎開を引率した先生の息子さんから集団疎開中の生徒の作文集を寄託されたことがあった」とお聞きし、それは見に行かなければと学校を訪問しました。そこで初めて「疎開生活壱ヶ年のあしあと　須佐国民學校」と題した作文集を見つけ、お借りしました。同時に集団疎開した方から疎開先観音寺での集合写真が寄贈されておりそれもお借りしました。

作文集を保管されていたならば、他に関連する資料もあるのではないかと作文集を寄贈された木戸久裕さんのお宅を訪問し、疎開中の集合写真その他の資料を提供いただけました。

疎開先竹田の寺院を訪ねる

作文集と写真が見つかり、疎開先を訪問しなければと朝来郡竹田の資料に関連する寺院を訪ねました。先ず明親小学校に寄贈されていた集合写真の観音寺を訪れると「写真はここで写されていますね」と案内されました。しかし、疎開については分らないというご返事でした。次いで道を挟んだ妙泉寺を訪れましたが「何年か前に、疎開でお世話になった者だといって訪ねてきた方に資料を貸してほしいと言われ、母親が全部渡してしまって返却もされていないので何も残っていません」と言われました。資料の保存について考えさせられます。

次いで勝賢寺を訪問しました。木戸先生のアルバムから出てきた勝賢寺での集合写真をお見せするとご住職が一声、大きな声で「わー、なつかしいなー」と。「え？」といぶかしがる私たちに「この写真に抱かれている赤ちゃんは私や」と確かに七十六年前に写された写真の赤ちゃんが今七十六歳のご住職でした。すっかり打ち解けた歓談の中で、「炊事のためにかまどを増設したとか、そのようなことはなかったですか」と聞きましたが明確な答えは出てきません。ただ、鐘楼の脇に大きなお釜が転んでいたのが目に留まりましたが、この釜でご飯をたいたのか、あるいは洗濯物をシラミ退治のために消毒した

写真中央の赤ちゃんが勝賢寺の現ご住職

勝賢寺に残っている大きな釜

ものかは謎です。後日ご住職に、作文に出てくる場所を案内していただきました。また、勝賢寺住職のお母さんの姉にあたる方がご存命でいくつか質問を文書でお願いし次のようなご返事をいただきました。

「私は学徒動員で明石の近くの大久保工場で飛行機の部品を作っており、自宅には時々しか帰っておりませんので詳しいことは分りません。でも食事は法樹寺さんでしたので。子どもたちはよく野に生えているノビルというねぎのような物を取ってきて、『おばさん、風呂で炊いてあげる』といって風呂を焚いている火でノビルを焼いて食べていました。母がそうっと干し芋などをあげていました。

仮設風呂はなかったように思いますが、自宅の風呂の脱衣場はシラミがよくいましたから、自宅の風呂に入っていたのだと思います。トイレも仮設はなかったように思いますが。庭に大きな鍋を火にかけ、毎日着ていた衣類を全部炊いておられました。石鹸は使用されていたかわかりませんが、家の前の川ですすいでおられたようです。

でもシラミ、ナンキン虫はすごくて、本堂の畳のへりにナンキン虫がびっしり、女子の頭の中はシラミで白い粉をふりかけておられました。

余談ですが、家の前の線路を姫路からの汽車が通ると、何人かは『お母さんが来るかなー』と門前で待っていました。あるお母さんが来られてすぐ高熱を出されました。腸チフスとのことで、一室に隔離して和子姉さんがお世話をしていましたが、姉も腸チフスにかかって高熱を出し、二人で枕を並べてとても大変でした。でも法樹寺さんの本堂から大きな声で『お食事ですよー』と呼ぶ子どもたちの声に『わー』と言いながら走って行き、普段はおしゃべりしたり、大笑いしたり、走り回ったりで、とても楽しそうだったのが目にうかんでいます」

七十七年前の写真の私はどこに

資料収集により第四十四回兵庫の「語りつごう戦争」展を開催することができました。開期中のある日、展示している法樹寺での集合写真の前で熱心に何かを探しておられる様子の方がおられました。「何かお探しですか?」と声をかけると、「この写真に自分が写っているはずで、どこにいるのか探しています」と。なんという奇縁というか、七十七年前の写真に出合えたという巡り合わせ。持っておられる七十七年前のご自分の写真と照らし合わしておられましたが、どこに写っているかわかりませんと言われます。ふと直感的に、この写真に写っておられるなら作文がこの中にあるかもしれないと思い、「この作文集に作文があるかも知れません。お名前は?」「淡路信子です」。作文の中にあったような気がしたので作文集をめくると出てきました。コピーをしてさし上げるととても喜ばれました。

淡路さんにはその後、お話を聞かせてもらい本書出版のための編集会議にも出て来ていただいています。そして写真の中のご自身も探し当てられました。
「戦争展」では集団疎開に参加したという方のお話を聞くこともできました。その
うちの須佐国民學校の集団疎開に参加した方を訪問しました。その方は一九四四（昭
和十九）年九月から参加ですが、シラミの被害がひどくてその年の十二月には退寮さ
れました。薪運びが大変で上級生は炭焼きもされていたようだと話されていました。

作文集「疎開生活壱ヶ年のあしあと」に見る集団疎開

作文集「疎開生活壱ヶ年のあしあと」は神戸市須佐国民学校（現神戸市立明親小学校）の児童が一九四四年九月一日に集団疎開へ出発してから、ちょうど一年がたった一九四五年九月一日に書いた作文を集めて綴じたもので、五十一名の作文が集綴されています。

アジア・太平洋戦争下に実施された学童集団疎開の実態を作文から読み取り少しでも明らかにしたい。敗戦当時、敵対物、書画、掛け軸などが処分され、教科書も墨塗りされていた状況の下、このような記録が残されていたこと、そしてそれが公開されるのは稀なことではないかと考えこれを出版することにしました

作文集を読んでもらいたい

作文を手にとって最初の児童の作文。「又、ドイツが負けて、今度はとうとう夢にも思はなかった日本が負けたということは、どれほど日本人の恥であるかをよくわきまえ、その悲しみと共に、その仇を討たねばならない。その大事業が出来なければ本とうの日本人ではない」と書いているのを読んで、なんとも言えない気持ちになりました。

続けて数人の作文を読み，当時先生から教えられたことが素直に子どもの心に入っていることに気づきました。教室で教師が語る言葉が子どもたちにそのまま伝わっていることに今さらのように気づかされました。教育でどんなことを伝えていくかをしっかり考えなければならないと強く思いました。なにも学校教育だけではなく、それぞれの家庭で、社会で、どのような大人に成長してほしいかを考え、育てていくことがどんなに大事なことなのかをこの作文集はそのことを改めて感じました。ぜひこの資料を読み、感じ、学ぶすばらしい教材です。読み取っていただければ幸いです。

また子どもたちの作文が記録として残されている貴重な資料です、広く活用していただくことを願っています。

一九四四（昭和十九）年七月神戸市学童集団疎開の開始

神戸市内（現在の灘区、中央区、兵庫区、長田区、須磨区）、の六十校が集団疎開

の対象とされ、実施しました。疎開先は県内へ三十七校、鳥取県へ八校、岡山県へ十五校が疎開しています。集団疎開予定者数は合わせて一万七三一二名が挙げられています。まず県内への疎開から始まりました。疎開は八月二十日に湊川神社で行われた学童集団疎開の第一陣の壮行会から始まりました。

県内の疎開地へ向け、八月二十一日第一陣出発・八月二十六日第二陣・八月二十九日第三陣・九月一日第四陣出発・九月二日第五陣出発の予定で県内各地へ疎開する学校の予定が立てられました。鳥取県、岡山県へは九月中旬からということで予定されました。

当時武庫郡下にあった東灘区、西宮。芦屋の学校は翌一九四五（昭和二十）年の六月中旬以降に疎開地へ出発していますが、本庄国民学校は四月二十三日神崎郡へ疎開しています（本庄村史）。東灘区の御影二校、本山二校、住吉、魚崎校はいずれも鳥取県へ疎開しています。兵庫師範学校附属国民學校は三木へ疎開しています。

須佐国民学校の集団疎開

出発・疎開先・宿舎・学年・性別・人数

神戸新聞は第一次出発の予告から報道しています。神戸新聞の記事から須佐国民学校の疎開を見ましょう。

最初の記事は八月十六日付で「須佐校（六年男一〇〇、女一〇〇、計二〇〇名）同郡（朝来郡）男和田山恵林寺女中川村自性院および金剛院へ（註、寺名恵林寺は新聞では恵林寺とされていますが枚田のお寺は慧林寺なので以降、慧林寺と修正して記します）。

次いで八月十九日付で「須佐（四、六男一〇〇名、四、六女一〇〇名）男子組は朝来郡和田山町慧林寺、女子組は同郡中川村金剛院」としています。さらに第一陣到着を報じた八月二十二日付では「須佐校の四年と六年の男女組百名は臨済宗の名刹慧林寺に落ち着いたが」となっています。

金剛院

この様に学年、人数、宿泊先など報道された記事に相違がありどれが正確なのか判断に苦しみますが、八月十九日付報道記事を採用してみますと須佐校の集団疎開は第一陣八月二十一日から始まっています。

第一陣「須佐（四、六男一〇〇名、四、六女一〇〇名）男子組は朝来郡和田山町慧林寺女子組は同郡中川村金剛院」

第二陣　八月二十六日五時三十分兵庫発　五年男子

五十六名朝来郡竹田町妙楽寺（註、妙楽寺も妙泉寺の誤り以下妙泉寺と記します）。観音寺へ（神戸新聞八月二十五日付）。八月二十五日湊川神社で第二陣の壮行式が挙行された（神戸新聞八月二十六日付）。

第三陣　八月二十九日には加わっていないようです。記録がありません。

第四陣（九月一日）須佐校（三、四、五年男女一七一名朝来郡竹田町（神戸新聞八月二十六日付）。

第四次出発は輸送その他で一部変更とされた。須佐校は九月一日出発で人員は百八十九名となっています（神戸新聞九月二日付）。参加予定者の数が十八名増加していますがおそらく参加希望者が増えたのでしょう。

このように参加希望は刻々と変化する状態であると思われます。このことは保護者を含め本人の心の動揺があったのではないかと思います。

神戸新聞記事をまとめますと出発は八月二十一日から、二十六日、九月一日と分散されて実施されました。

宿泊先と人数は次のようになります。

①和田山町枚田の慧林寺に六年生男子と四年生男子あわせて百名。

②朝来郡中川村、自性院と金剛院に六年生女子と四年生女子あわせて百名。

③朝来郡竹田村、観音寺、妙泉寺に五年男子五十六名。

④朝来郡竹田村　三、四、五年男女一七一名乃至一八九名が竹田村へ疎開しています。

この宿泊先について作文及び会計帳から見ると　法樹寺、勝賢寺、常光寺、善證寺へ分散されたと思われます。

自生院金剛院の合同写真（上・下とも）

また日輪寺、常光寺を宿舎としている記録（「空襲・疎開・動員」）もありますがお寺を訪問してご住職にお聞きした時点では確認できていません。金剛院へは女生徒となっていますが、実際に訪れて自生院から提供された金剛院、自生院合同の集合写真には男女の生徒が写っています。このようなことから実際の集団疎開の姿は明確な情報が伝えられていないと思われます。慧林寺に入った生徒も男子が入ったようになっていますが疑問に思います。今までの調査で慧林寺ではお寺の方に直接お会いできていません。そういった事柄を踏まえ、疎開を経験した方にお聞きすることが重要ですのでお会いしたいです。ご連絡ください。

集団疎開参加人数は上述の新聞資料を総計すると四四五名となります。

見つかった「会計帳」

作文集の編集会議を進めている間に、作文集と共に学校に預けたと思われていて、存在が不明であった「会計帳」が先生のお宅に残されていて「お預けしたと思っていたが思い違いをしていた」と持ってこられました。ここで会計帳について資料紹介をします。

これは表紙裏に『神戸市須佐国民學校　朝来郡竹田町勝賢寺寮　担任　木戸戸治田中秀子』と書かれた金銭出納帳です（以下『会計帳』と記します）。

内容は、まず第一にと言うより本来は九月一日出発の時点で先生に小遣いとして五円ずつ預けたクラスの生徒の個人別出納を記録したものです。しかし疎開が長期化する中で疎開生活の出納帳に変化している記帳もあります。

さらに疎開生活二年目になって先生の役割が変わったようで、疎開担当教員や寮母、作業員への給与支払いなどの事務も担当されるようになったことも記録からわかります。そして疎開からの帰神へ向けての整理にあたって、校医やお世話になった村の方々へのお礼、その他諸会計処理などについての記録も残されています。また、疎開から帰神するための荷物の整理の記録も記載されています。

この資料を基に須佐国民学校の集団疎開の一面を見てみましょう。

自生院

集団疎開の運営体制について

①和田山区、竹田区、中川区の三つの区に分けて管理がされていたことがわかります（記録が一九四五（昭和二十）年の七月以降ですので最初から分かれていたかどうかはわかりません）。先生、寮母、作業員などの給与、諸手当の支給記録が区名を記入してまとめて記録されているところがあり、区名を記入されていなくても同じメン

バーがまとめられて記入されていることから三区で構成されていたと思われます。

②疎開に付き添っている先生です。一九四五(昭和二〇)年の七月以降になりますが、記録されているのは竹田区の先生は、木戸戸治、枚本茂、渡部正俊、友方教子、大原俊子、藤原敬子および教頭の出雲常吉先生の名前があります。中川区の先生は、米田節男、澤木直義、宮出敏男、高木正治、松村恵美子、塩見タマヱの六先生が記録されています。塩見先生は養護教諭で九月分の支給記録はありますが、その後の月にはありませんので九月だけ来られていたのではないかと想像します。これから見ると中川区は五名、竹田区は六名の先生が付添をされていたと言えます。和田山区については記録がありません。

③寮母作業員は姓名が記入されています。氏名の中にお寺の住職の名前も見られます。お寺の方々もお世話をしていただいたことがわかります。しかし、寮母、作業員の区別はつきません。性別もわかりません。人数だけをあげておきます。竹田区は七月十四名、八月十三名、九月十二名、十月十一名、十一月九名となっています。中川区は八月十名、九月十一名、十月十名、十一月十二名です。ほとんどの方が継続しておられます。和田山区についてはここにも記録がありません。

④校医さんが五人おられます。また、仕事の内容は分かりませんが寮務嘱託として和田山区二人、竹田区五人、中川区四人の方にお世話になっています。

⑤観音寺、法泉寺、法樹寺、勝賢寺へ彼岸のお供えをしています。
⑥疎開終了時だと思いますが、町、役場吏員、学校、観音寺、法樹寺、妙泉寺、勝賢寺、個人の方七名へ御礼が渡されています。いろいろお世話をおかけしたのだと思われます。
⑦薪の返金として、久世田、奥村・山本、大地より入金されています。また、供出野菜としても入金されています。どういうことなのでしょう、わかりません。

集団疎開へ参加した児童の出入りについて

会計帳に記された児童の支出明細記録から勝賢寺寮の児童の出入りをまとめました。男子は姓名がほぼ書かれてましたが女子は姓だけでした。作文集によって補充しました。同姓者がいて混同する場合がありますが間違いはないと確信しています。男子は最初の九月一日から参加した児童は十四名です。そのうち集団疎開の終了した十月末まで生活した生徒はわずか五名にしか過ぎません。しかも二名は集団で帰神する数日前に退寮しています。

女子は最初から参加したのが十四名で最後まで共に生活した児童は六名です。また四月以降に参加した児童は男子で七名、女子も同じく七名の計十四名です。内男子二名、女子二名が最後まで生活しています。また、十四名の中には三組の兄弟姉妹がいます。そのうち、疎開終了まで共に生活したのは、一姉妹のみです。

退寮者について

一九四五年三月一七日の神戸大空襲襲以前に退寮した児童は、男子では一月小橋、二月渡部、三月清水、芝本の四名で小橋は神戸へ帰ったと思われますが、芝本、清水、渡部は神戸ではなく移動先が書かれていますので、それぞれ縁故疎開、あるいは移住したものと思われます。

女子は稲岡、高橋が十二月、鴉越が一月に残留組に編入しています。稲岡は神戸へ帰り、高橋は移動先が書かれているので縁故疎開、または移住ではないかと判断できます。

三月十七日神戸大空襲では校区のほとんどが消失し、学校も被災しています。おそらく児童の家屋も消失したものと思われます。またご両親も被災され亡くなられた方もおられたかもわかりません。そうしたことから、空襲後の退寮者ならびに入寮者について、その理由はどのようなことでしょうか。

空襲直後の三月に退寮した児童は、男子は大塩、山川の二名、女子は高一名の計三名ですが山川、高は退寮としか書いてなく、大塩は何も書かれていません。一応家族に引き取られ罹災者としてどこかへ引っ越されたものではないかと思われます。

その後、七月に白谷姉弟が退寮しました。続いての退寮者は上野が微妙ですが八月十五日の敗戦後になります。男子では上野、深田、柴田、増田、浦松、智羽の六名、女子は池町、大西、西林、林崎、三木、増田の六名です。そのうち転出先の記録されていないのは上野と柴田の二名だけです。十名の児童は県内をはじめ三重、大阪、岡山、徳島と各地へ分散して行っています。お父さん、お母さんがご無事なのかどうかな？と思われます。中でも疎開をしている竹田町殿町へ転出と書かれている池町さんはご両親を亡くされ、疎開先の竹田で引き取られたのではないかと推察します。わかりませんが。

以上をまとめてみますと、勝賢寺に疎開して来た男女四十二名中、疎開が終わって神戸へ帰ったのは七名ということになります。もちろん元の自宅に帰ることができたかどうかわかりませんが。いずれにしても一六・三％の方しか戻られていないことになります。集団疎開で空襲の難を逃れても元の生活には戻れなかったのが現実だと言えるのではないでしょうか。

会計帳の支出

勝賢寺にお世話になっていた四十二名それぞれの支出明細が記録されています。日

	氏　名	日付	摘要	収入(銭)	備考（作文あり◎・転出日-転出先）
1	上野　充男	9/1		500	9,10 月分食費を 11 月 12 日父に返還
2	大塩　充	9/1		500	3 月 25 日箸を購入した後決算済みに
3	太田　秀昭	9/1		500	10 月 29 日退寮
4	小橋　久三	9/1		500	1 月 25 日決算済みに
5	清水　雅夫	9/1		500	3 月 16 日決算ズミ　岡山県勝田郡北和気村
6	清水蓉一朗	9/1		500	◎
7	芝本　宏	9/1		500	3 月 16 日退寮　佐用郡長谷村
8	谷口　芳次	9/1		500	4 月 23 日米田先生に托し自生院の本人に渡す
9	田中　雅雄	9/1	妹	500	10 月 29 日退寮
10	田中　晋	9/1		500	10 月 28 日退寮
11	中谷　寛果	9/1		500	◎
12	深田　和夫	9/1		500	8 月 18 日散髪後決算岡山県阿哲郡新見町高尾
13	山川　政治	9/1		500	3 月 31 日退寮
14	渡部	9/1		500	２月２６日退寮　大分県玖珠郡森町
15	芝田　和夫	4/10		4000	◎9 月 16 日 6 月分食費を支払って後記録なし
16	白谷	4/17	弟		7 月 6 日退寮大阪府下泉南郡尾崎町
17	増田	4/18	弟		8 月 16 日転出, 神戸市兵庫区会下山町
18	髙本　潔	4/5		1000	◎
19	浦松	4/18		500	8 月 18 日三原郡福良町
20	米田	5/10			◎作文では 3 年生か？
21	智羽　邦治	7/11		1500	8 月 22 日　岡山県阿哲郡新見町

	氏　名	日付	摘要	収入(銭)	備考（作文あり◎・転出日-転出先）
1	荒尾　聡子	9/1		500	◎
2	稲岡	9/1		500	12月8日神戸までの汽車賃支払後記録なし
3	池町	9/1		500	8月22日竹田町殿町へ転出
4	大西十美子	9/1		500	◎9月4日退寮　三重県河藝郡豊津村
5	越智美世子	9/1		500	◎
6	尾崎美輿子	9/1		500	◎
7	鎌田　良子	9/1		500	◎
8	鴉越	9/1		500	1月5日残留組編入
9	志満	9/1	姉	500	9月17日エンピツ支出後妹のところへ転記
10	高	9/1		500	3月20日退寮
11	高橋	9/1		500	12月16日散髪代支出後、徳島県板野郡北島町・津名郡岩屋町
12	辻村　詩子	9/1		500	◎
13	西林　倭子	9/1		500	◎9月6日退寮　大阪府泉南郡雄進達村
14	林崎	9/1		500	8月18日薬代支出、8月18日退寮三原郡福良町
15	水本　悦子	4/3		500	◎
16	三木　康乃	4/10		500	◎
17	白谷	4/17	姉	500	7月6日退寮　大阪府泉南郡尾崎町
18	増田（6年）	4/18	姉	500	8月16日転出　神戸市兵庫区会下山町
19	酒井智恵子	5/14		1500	◎
20	正司希与子	5/11		1171	◎決算ズミ山尾先生へ
21	志満アヤ子	4/7	妹３	3000	◎9月17日姉の分記帳

付を見ると九月、十月には何も購入しなかったようで男子は何も記録されていません。女子は十月二十七日にスキグシ、葉書代として一円五〇銭と二十八日に歯磨き粉、箸を五十銭で購入した児童、十月十日にハブラシ、歯磨き粉を一円で購入した児童、十月二十八日にハブラシ、歯磨き粉を五十銭で購入した児童の三人がいますが、あとは男子同様十一月一日の教科書の購入が最初の記録になっています。参考までに当時のモノの値段を書き出します。

教科書（国語、算数）　四十六銭
帳面　十銭　十六銭　二十銭
切手　三十五銭
食費（月）　十五円
下駄なおし　八十銭　八十五銭　七十銭
鉛筆削り　十三銭
ハナカミ　八銭
半紙　十銭
荷物送料（二個）　一円八十銭
絵具　一円十六銭

散髪　男子　三十銭　女子　四十銭
サジ　一円　二十銭
色鉛筆　二十二銭
箸　二十銭　三十銭　四十銭
薬　三円八十銭
下駄　七十四銭　一円十銭
はがき十枚　五十銭
荷札　三十銭
写真　六円
紙ハサミ　二円二十銭、三円二十五銭

虫メガネ　八十銭
鉛筆　一円二十銭
下敷き　四十五銭　八十銭
シャモジ　十銭　五十銭
ナイフ　十銭　三十銭
扇子　三円六十銭　一円五十銭
分度器　十銭
編針　十銭
手帳　一円　三十銭
クシ　四十銭
サモジ　二十銭
千代紙　二十五銭
ハコ　五十銭
ソロバン　一円五十銭

ノリ　三十五銭　五十六銭
ヒューセメン　五十四銭　五十六銭
筆箱　七十七銭　八十三銭　一円三十銭　一円
歯ブラシ　三十銭
フロシキ　五十銭　一円　二円五十銭　二円
ザウリ（草履）二足　一円四十銭
歯磨き粉　十五銭
傘修繕　十銭　九十銭
トメ　七十銭　二十三銭
敷皮　十五銭
筆　一円四十七銭　一円　七十八銭
箸箱　十六銭　八十銭
サイフ　二円三十四銭
カルシューム剤　六円二十銭

いろいろ購入されていますが、トメ、クシ、編針、千代紙、ぞうり、扇子、傘修繕、敷皮などは女子のたしなみということでしょう。

出納帳から疎開生活を見る　食事代は月額十五円徴収（個人出納記録簿）

第一に気が付いたことは、食事費が月十五円ということです。学童疎開の父母負担として神戸市通達では月額十円とされていましたがここでは十五円徴収しています。この十五円とはどのようなことで決定されたのでしょうか。おそらく須佐国民學校独自の決定だと思われます。とすればどこから十五円案が提起されたのでしょうか。この地域が江戸時代から港湾都市として栄えてきた兵庫の地域であることを考えると、おそらくかわいい子どもを疎開させる保護者からの声があったのではないかと思われます。事実を調べることが必要だと思います。

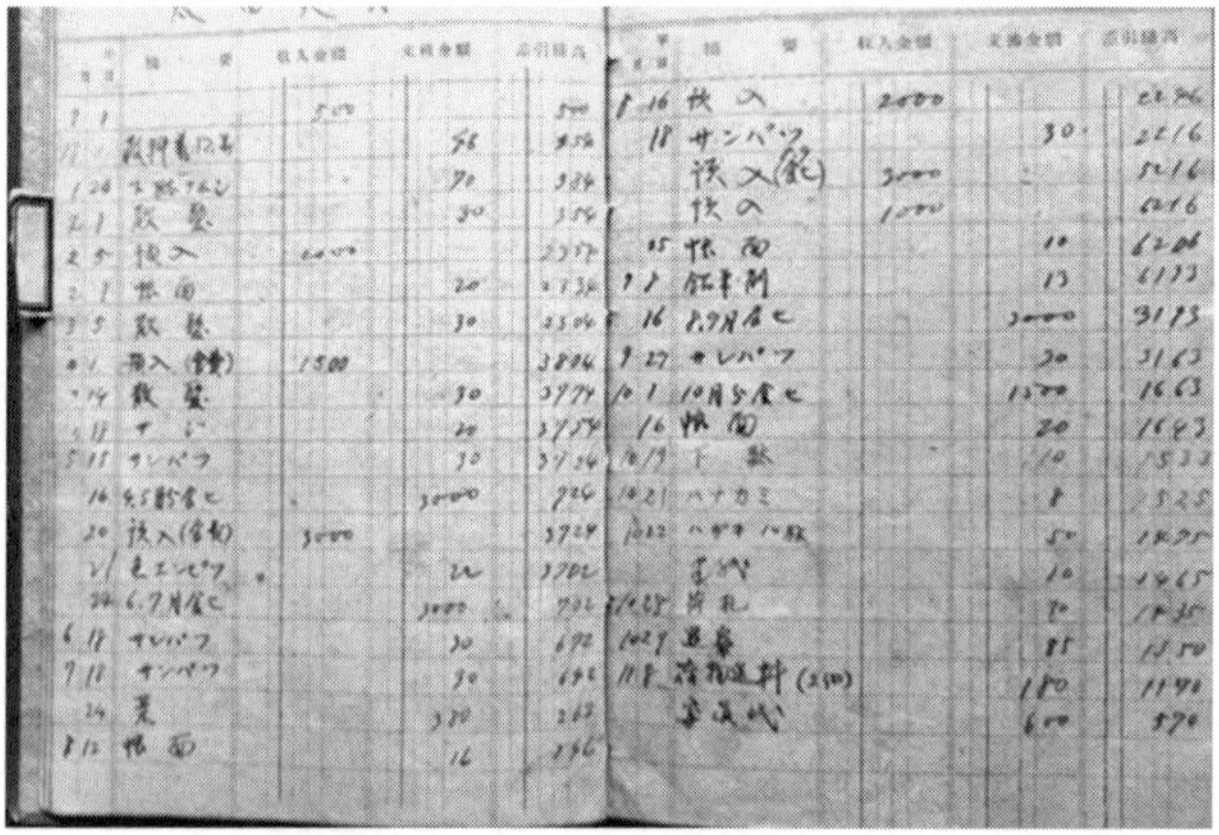

疎開児童の個人出納記録簿

二つ目の点は散髪をほぼ月一回程度の割合で行っていることです。例を挙げると、男子の場合二月一日、三月五日、四月十四日、五月十五日、六月十八日、七月十八日、八月十八日、九月二十七日、十月二十九日退寮といった具合です。女子では十二月十日、十二月二十七日、二月十六日、四月二十七日、六月五日、七月十四日、十月十五日といった状況です。普段から家庭でそのように日常化されていたこと、そして地域の生活状況がかなり豊かであったのではないかと思われます。

三つめは、購入品目が文具と日常生活のほぼ必需品に限られていることです。菓子など購入したくても街中には売っていません。遊び道具もありません。家庭では月刊雑誌や本なども購入していたでしょうが、そういったものも手に入らなくなった暮らしだと思われます。

ボールやバット、ゴムマリなどの遊具も売っていなかったと思いますが、一切購入していません。学校へ行って運動場で走り回ることもない。もっとも学校の運動場も耕され畑になって走ることもできなくなっていましたが。子どもたちにとっても全く潤いのない生活になっていました。疎開に来ていた子どもたちはもちろん地域の子どもたちも同様の環境に置かれていたのです。

『疎開生活壱ヶ年のあしあと』

この作文集には五十一名の作文がつづられています。最初に六年生男子六名（Aグループ）、次いで二十名の六年女子（Bグループ）、次いで四年生男子八名（Cグループ）、そして四年生女子十名（Dグループ）。そのあと男子二名、女子一名、男子一名、女子二名、男子一名の計五十一名の順に綴じられています。

A、Bグループのメンバーは会計帳に個人別明細記録がされているので勝賢寺寮に宿泊していたと考えられます。C、Dグループは帰神のための荷物整理の順が並んでいることと、Dグループ女子の作文に法樹寺寮宿泊の様子が書かれていることから法樹寺寮と判断しました。そのあとの七名ですが、最初の男子二名は会計帳に三年と記載されていることから、三年生男子で勝賢寺寮宿泊となります。次の女子一名は帰神のための荷物整理の整理番号がDグループの前一番になっていることから法樹寺寮だと思われます。おそらく作文の綴じられ順から見て三年生だと思われます。そのあとに綴られている四人はいずれも兄姉がいる人で、学年は最後のカタカナ書きの生徒は二年生、あとは三年生です。いずれも勝賢寺寮にいます。

まとめますと、作文集『疎開生活壱ヶ年のあゆみ』に収められているのは勝賢寺に生活している六年生男女、三年男子、兄弟関係にあるもの計三十二名。法樹寺に生活をしている四年生男女、三年女子計十九名、合計五十一名の作品ということです。当然のことですが、この作文集は一九四五（昭和二十）年九月一日勝賢寺寮と法樹寺寮にいた児童の作文集ということです。

大変な苦労を強いられた食料の調達

食料の調達には先生たちのなみなみならぬ苦労がありました。木戸先生の記録に「終戦は竹田城のふもとで迎えた。学童疎開の児童を引率していた。お寺の住職はやさしくしてくださったが、食糧確保に困った。坂の多い村中を子どもたちとリヤカーを引いて食糧探しに行ったりした。ホームシックで逃げようとする子もいて大変だった。お寺の住職さんと戦後も交流があった。」と書かれています。

どうして野菜などの調達に先生方が奔走しなければならなかったのでしょうか。神戸市教育史第二巻に次の記載があります。「副食物は現地配給の方針で、地方の事情によって厚薄があった」とあります。現地配給の方針の具体的なことは書かれていません。先生の記述、子どもたちが書いている様子から考えると、先生が駆けずり回って調達されたと思われます。主食の配給は疎開先でそれぞれ配給されました。

参考までに児童への主食の配給量は次の通りです。

・昭和十九年度　十一歳以上　十歳以下を通じ約三合二勺（四七〇グラム）
・昭和二〇年度　十一歳以上　約二合八勺（四〇〇グラム）
　　　　　　　　十歳以下　　約一合九勺（二八〇グラム）

昭和十九年度では児童一人当たり一日四七〇グラム配給されていますが、二十年度には五、六年生は七〇グラム減らされ、四年生以下は一九〇グラムも減らされています。なにも疎開児童への配給が減らされたのではなく全国一斉に配給量が減らされているのです。

疎開児童が疎開で腹が減って、減って仕様がなかったのではなく全国の児童、いや大人も含めすべての国民が腹が減って腹が減っての状態であったのです。しかも配給は遅配、減配が日常的でした。

敗戦をどう受け止めたか

「これからこの苦しい生活をして行くのに私たちはこの一年間、そのおけいこをして来たと思うと急にうれしくなって來ました。私たちは勝つために疎開して来ているのに、疎開して来たかいがないが、これもみな私たちががんばらなかったからだ。又、私たちが一日も早く大きくなって、あのにくい米英をやっつけてしまって、もとの天皇陛下の大御代にかえすのだと心でかたく、かたく私はちかっているのです。兵器をたくさん私たちが作って、男の子をりっぱに育て上げてお国の役に立つよう。そして日本全国民が一日も早く平和にくらして行けるよう。みんなが天皇陛下の御ために忠儀をつくして日本を二度と盛んにしたい、どうしても明らかにしたい。これは私の心にもっている決心です。」

この様に敗戦を知りこれからの決意を書いている作文が多く見受けられます。天皇の大御心に関連した記述、米英に対する復讐を誓った記述、いま一度復興のため決意するといった内容となっています。いずれかに触れたものは勝賢寺に生活をしている六年生男子六名全員女子二十名中前半の九名の記述が復讐を強く主張しています。後半の十一名は戦争に負けていばらの道だが頑張るという内容になっています。つづく四年生男子八名中二名の生徒が「戦争に負けたが頑張ろう」といった記述になっています。四年生女子十名では、やはり二名の生徒が「米英をたたきつぶしてしまってやらねば」というようなことを書いています。

記述に八月十四日降伏詔書が報道されたとしている生徒が四人十五日が一人、二十四日が一人になっています。先生が敗戦を伝えた時におそらく間違えられたのではないかと思います。また、「強力な爆弾を作ってニュウヨークやワシントンを飛んだら」といったことを二人の生徒が書いています。そういったことからおそらく先生方が話された内容を書いているのではないかと考えられます。

小野柄国民学校の先生の日記に一九四五年八月二十一日（火）「（前略）今日職員会ありとの事（中略）職員会は何といふあわただしいといふか　息苦しいものであった

1、陛下の大御心を奉体する事

2、復讐教育を今のうちに

3、敵対物、書画、掛示等を処理する事

4、疎開を今月中に縮小する事

その他転任希望　（後略）」とあります。

おそらく県からの通達によってこれらの議題で職員会が持たれたのではないかと推測します。「疎開の縮小について政府は八月十六日付文部次官通牒を出し兵庫県はそれに基づき、当分の間そのまま疎開生活を続けることにした。」（本庄村史）とあるようにこの通達が学校に降りてきたのが二十日の月曜日となります。1から3については各学校で独自に提案できることではないと思われます。おそらく各学校に通達され、それにもとづいて緊急職員会が持たれたのではないだろうかと思われます。各学校ではこの職員会をもとに生徒へ八月十五日の説明がなされたのではないでしょうか残念ながら当時の学校日誌等には記録されていません。というか、当時記録されたとしても削除されたかもしれません。あるいは日記そのものが廃棄されてしまっている、書き換えられてしまっている。などなど例えばある小学校の百年史に「残念ながら昭和十九年より昭和二十二年まで学校沿革史には写真を除いて一切の記録が見つからない」とかかれています。ある学校には当時まだ存在しなかった学校の用紙に当時の記録が残されているといった奇妙なことがあります。戦争を遂行した諸事実が敗戦とともに隠蔽されてしまったと言えるでしょう。敗戦の事実を子どもにつたえる教師の一言、一言が子どもたちの成長に大きな影響を与えているのかを考えさせられます。

おわりに

空襲警報が連日出される中、米軍艦載機の機銃掃射攻撃を受けたとき、父親が「危ない押し入れに入れ！」と叫んだ。国民學校四年生になった姉が「こんなんやったら戦争に負けるわ」といった。すると父親が声を荒げて「そんなこと言ったらあかん！近所の人に聞こえたら大変なことになる！」と叱った。戦後七十八年、これまでお互いに戦争中のことなど話したことがなかったが、私が集団疎開を調べていると姉が突然「戦争に負けると言ったら、お父さんに叱られたことがある」といった。「おぼえていたの？」と問い返すと「おぼえているよ」と。姉は集団疎開へ行き、途中女生徒三人で寮を抜け出したことがあった。その時の友人二人の名前もしっかり覚えており、ボール遊びをしていてボールが門から階段下に転げていったのを拾いに行くという作戦で抜け出し、駅へ急ぐ途中先生に遭遇して、先生から「お使いか？」と問われ「そうです」と答えてその場をしのいだが、帰寮（寺）した先生があの子たちどこへと問うたので、抜け出しがわかり駅の直前で自転車で迎えに来た先生に連れ戻されたことがある。「担任の西村先生は咎めることなく十六キロほどのみちを往復したことを気遣ってか、砂糖水を飲ませてもらった」と話しています。

「勝つために」「勝ったら」「勝つまでは」…と子どもも親も、そして社会全般がこうした言葉に操られていたのです。戦争に国民を、子ども達を引っ張り込んだ一つの分野として教育の内容をしっかり見直すことが大切ではないでしょうか。「教育活動とは」、ということについて現在の状況にも目を向けて、親として子どもをどう育てていくかということとも重ねて、戦争に加担するようになった言葉を先生といわず大人も子どももすべての人が検討することは重要な活動だと思います。このことは「戦争体験に学ぶ」ことの一つではないでしょうか。この作文集から学ぶことの重要性がここにあるといえます。

【神戸市の集団疎開に関連する参考文献】


『神戸市教育史第二集』

『空襲・疎開・動員』洲脇一郎著、２０１８年3月31日、第一刷発行。

『岡山県の学童集団疎開』岡山県教職員組合教育運動推進センター、平和教育研究部会編、２０１７年3月31日発行。

『鳥取県への学童集団疎開』石田敏紀著、２０１４（平成26）年10月1日発行。

編集後記（一）

文集の旧仮名遣いを、現代仮名遣いにする、読み取りの大変さ

――大木　久　神戸子どもを守る会　事務局長

読み取りを始めて、「よし私がやってやる」と勢いだって取り組んだ方が、三人の作文をパソコンに取り込まれたのですが、「この作文を読み取るのはとっても大変、時間がかかってかかってとってもやないが手におえない」といわれるほど大変でした。

「疎開生活壱ケ年のあしあと」を本にして出版するに際して、原本からそのままの形ですることは出来ないので、一度パソコンに打ち直して取り込みました。そのあと、パソコンにとりこんだ文章と原本があっているかを確認しました。確認したことは、書かれている文章が今と違って、旧仮名遣いで、漢字も今と違っているので、その点が間違いなくとりこむことができているかです。文章の書き方、表し方は原本の通りしました。改行しているところがあれば、そのまま文章のつながりに関係なく原本通りしました。文章を読み合わせしながら、読みにくいところにルビを打ちました。漢字では、今と違っていますが、作文の中に出てくる驛（えき）、元氣の瀛（き）、鐵（てつ）、櫻（さくら）は、現在使っている漢字に似ているのでわかります。歸（かえ）る、晝（ひる）などは、分かりにくかったので、読み方は漢和辞典などで調べたりしてルビを打ちました。文章の中に出てくる大東亜戦

争、大和心、ゲンノショウコなどの説明は、出来るだけわかりやすくするために辞典、辞書、電子辞書、インターネット、図鑑などで調べて何回も書き直しをして仕上げました。

須佐国民学校の児童が登った竹田城とは

「疎開生活壱ケ年の足あと」の中にしろ（白）山に登ったことが書かれています。このしろ（白）山は、竹田城です。竹田城について書いてみます。

現在の竹田城は、赤松広秀が文禄末から慶長五年（一五九二〜一六〇〇年）までに古城山（こじょうさん）山頂に築いたといわれる山城です。標高は、三五三・七メートルです。全国の城郭の中でも、この時代の縄張りや石垣が良好に保存されている山城遺跡です。穴太（あのう）流の自然石を積み上げた野面（のづら）積みで、堅固な石積み技法が、残っています。城跡の周囲は、すべて石垣で取り囲んだ総石垣の山城であります。石垣遺構は、赤松広秀が城の城主の時に整備されたといわれています。南（千畳）から北（千畳）まで三二〇メートル、本丸の東端から花屋敷（西）まで一一〇メートルで面積は、一万八四七三平方メートルです。

本丸に築かれた天守台は、十メートルと十三メートル四方のややいびつな形をしています。名前が、「虎臥城（とらぶすじょう）」ともいわれています。城主は、太田垣氏の後、但馬攻めの拠点として羽柴秀長（城代）が入り、そのあとも桑山重治と続き赤松広秀が最後の城主になりました。赤松広秀は、一六〇〇（慶長五）年関ヶ原戦いで西軍に属していました。その後、東軍勝利で東軍に属した亀井氏の鳥取城攻めに加勢して出陣しました。しかし、赤松広秀は、鳥取城攻めの際に城下を焼き討ちにした責めを負わされて、徳川家康から自刃させられました。そして、竹田城も廃城になります。

日本の「マチュピチュ」とも呼ばれており、秋から冬にかけて雲海に浮かんだ姿を見ることができます。

※竹田城跡の参考文献・図書は、『日本城郭体系12 大阪・兵庫』１９８１年3月発行、新人物往来社。『ひょうごの城』２０１１年2月発行、神戸新聞総合出版センター。『ひょうごの城紀行』１９８８年12月発行、神戸新聞総合出版センター。『兵庫県の中世城館・荘園遺跡』１９８２年3月、兵庫県教育委員会発行。

編集後記（二）

中野照雄　元明親小学校教員

一．明親小学校の校区は、古くから貿易港として栄えた大輪田の泊（とまり）でした

須佐尋常小学校（後に国民学校）、現、明親小学校の地域は大輪田の泊（兵庫の津）のあった所で、昔から日本の貿易の拠点でした。ＪＲ兵庫駅の南にあって、明治には

新川・兵庫両運河も造られ、たくさんの船が集まりました。西国街道が通り、柳原のえべっさん、兵庫の大仏もあります。一九三五（昭和十）年頃は和田岬から校区にある真光寺や能福寺（大仏）の前を通り新開地まで、にぎやかな商店街が続いていたそうです。いくつもの映画館や風呂屋もありました。それが一九四五（昭和二十）年三月十七日のアメリカ軍の無差別爆撃によって神戸市の西半分が焼け野原となって、この商店街も消滅し、戦後の復興はなりませんでした。

二．明親小学校に、学校の歩みや地域の歴史が分かる「資料室」ができました

二〇〇二（平成十四）年明親小学校が一三〇周年の記念に歴史資料室を作りました。当時の永原南海子校長先生の発案でした。①神戸で一番古い学校の一つと言われているのに歴史が見えない。②散らばっている資料を一ヶ所にまとめる。③記録として次代に残せるようなものにする。④学校、ＰＴＡ、地域の方々と一緒に作る。そして展示の中心は「子ども」と「地域」と捉え、教員三人が担当者となり、私もそのうちの一人で二年間かけて作りました。

校長先生が作った「学校の歩みの年表」や、昔の地図などを専門店でパネル大にコピーしパウチする作業は、ＰＴＡ代表として、地域で生まれ育ち地域の歴史に詳しい南田伸治さんが引き受けてくれました。昔の生産道具やくらしの道具の提供は地域の

方々に協力してもらいました。糸車を始め、林業の大ノコギリ、鍛冶屋のふいご、火鉢やご飯を入れるおひつ、防空頭巾などたくさん集まり、名前を付けて展示すると、昔を伝える地域の「資料室」となりました。語り継がねばならないものとして「戦災」と「震災」の二つに重きをおき六つのコーナーを作りました。

一. 学校の歴史、二. 地域の昔、三. 戦争のころの子どもたち、四. 地域の史跡、五. 昔のくらしの道具、六. 震災の六コーナーです。

出来上がったときには、神戸新聞に「資料室」の案内が載り、広く知らせてくれました。

三. 一九四四（昭和十九）年、子どもたちの集団疎開が始まりました

一三〇周年の行事が終わり、しばらくして、加古川の木戸久裕（ひさひろ）さんが、「こんな文集があるよ…」と言って持ってきてくれたのが『疎開生活壱ヶ年のあしあと』でした。昭和十九年当時の須佐国民学校に勤務し、集団疎開の子どもたちを引率してくれた木戸戸治（とじ）先生の息子さんでした。長い間、大事に家で保存されていたのには驚きでした。貴重な資料を預かり、六年生の先生には授業で生かしてほしいと伝え、「戦争のころの子どもたちコーナー」に展示しておきました。

それから二十年余りを経て、上野祐一良さんから神戸の学童集団疎開についての話

があり、この文集のことを思い出し、明親小学校に出向いたところ、文集が大事に保存されていました。今回、木戸さんには保存している写真や会計帳など新たな資料を提供してもらい、木戸さんの願いに沿うような方向で本にして、世に出す運びとなりました。「資料室」が取り持つ縁というものでしょうか、話が急ピッチで進みました。

四．戦争が人々のくらしを破壊し、ほとんどの家を焼き尽くし、老若男女の命を奪いました

国民のよく知らない間に戦争が始まり、一九四五（昭和二十）年三月十七日、アメリカ軍の無差別爆撃によって、明親のみんなの住む家が焼かれ、鉄筋コンクリートの学校も焼かれてしまいました。火災によって灼熱の暴風が起こり大輪田橋やその橋の下に避難していた人々が炎の中で焼かれて五百人もの方が亡くなりました。

疎開していた子どもたちの家も焼かれ、元の家に帰ることもできませんでした。空襲で家が焼かれ、身近な人の命が奪われた悲惨な戦争体験もあって、戦後、日本は二度と同じ過ちを繰り返さない深い反省から、平和憲法（第九条—一、戦争の放棄、二、軍備及び交戦権の否認）をもつようになりました。これを機会に戦争時代の学童集団疎開の実態を知っていただき、明日への希望を語る一助にしていただければ幸いです。

五．編集を終えて

二〇二二（令和四）年四月二十日に第一回編集会議を持ち、月に二回程度のペースで論議を積み重ね、やっと出版の運びとなりました。朴木佳緒留（神戸大学名誉教授）さんには的確なアドバイスをいただき安心して取り組むことができました。明親小学校の元ＰＴＡ会長の南田伸治さんにはいろいろお世話になりました。大木久さんと訪問して、ある時は三・一七の神戸大空襲の体験談をしてくれる古老を招いていただいて話を聞かせてもらったこともありました。また文集の感想も書いていただきありがとうございました。

当時の集団疎開の子どもで、文集にもその名前が載っている淡路信子さん（当時四年生）の「七十七年前の作文に出合って」がまた感動的で、疎開生活のリアル感が伝わってきます。「語りつごう戦争」展代表の上野祐一良さん、事務局長の大木久さんには、疎開先である竹田城下のお寺に何度も足を運び、資料収集をしてもらいました。そして分析もし、疎開生活の実態が少しずつ明らかになってきました。また日本機関紙出版センターの丸尾忠義さんには、後半の会議から参加され、本づくりのアドバイスをいただきありがたかったです。そして早くにアンケートに協力していただいたみなさまにお礼申し上げます。

たくさんの方にこの本を手にしていただき、ともに平和をつくる話が弾めばいいなと思っています。地域の人々にとって、学校には自分が育った歴史があります。大きな図書館が持つことのできない、この地域だけの資料があります。学校が地域の歴史の保存の役割を果たしている明親小学校の「資料室」がいつまでも地域の人々の灯であってほしいと願っています。

【執筆者紹介】

「疎開生活壱ヶ年のあしあと」文集編集委員会
淡路　信子　（文集執筆者）
上野祐一良　（兵庫の「語りつごう戦争」展の会代表）
大木　　久　（神戸子どもを守る会　事務局長）
木戸　久裕　（山の上の小さな地域博物館長）
中野　照雄　（親子自然教室「たんぽぽ親子クラブ」代表）
朴木佳緒留　（神戸大学名誉教授）
南田　伸治　（明親小学校「学校運営協議会」顧問）

疎開生活壱ヶ年のあしあと

2023年 12月 6日　初版第1刷発行

編者　「疎開生活壱ヶ年のあしあと」文集編集委員会
発行者　坂手崇保
発行所　日本機関紙出版センター
〒553-0006　大阪市福島区吉野3-2-35
TEL 06-6465-1254　FAX 06-6465-1255
http://kikanshi-book.com/　hon@nike.eonet.ne.jp
本文組版　Third
編集　丸尾忠義
印刷・製本　日本機関紙出版センター

ISBN 978-4-88900-288-1